··· 은사시나무
··· 홍소장의 가을

¨은사시나무
¨¨홍소장의 가을

김수현 극본

다차원북스

{ **편집자 일러두기** }

대사 문장에는 맞춤법과 띄어쓰기 원칙을 적용하지 않았습니다.

1) 대사 중에서 띄어쓰기와 맞춤법을 적용하지 않은 경우는 김수현 작가의
   고유 문투나 호흡 등을 살리기 위해 원문 그대로 표기하였음을 밝힙니다.

2) 마침표(.)를 넣지 않은 문장의 경우 마침표의 유무에 따라 호흡과 말투,
   대사와 대사의 연결, 뉘앙스에서 차이가 있음을 지시하는 것으로 원본 그
   대로 실었습니다.

작품에 쓰인 주요 기호는 다음과 같습니다.

S# 씬넘버
S# : S = Scene의 약자.
= Number를 의미하는 기호.

E Effect의 약자
효과음, 내레이션, 마음속으로 하는 대사, 인물이 화면에 나오지 않고 화면 밖에서
들려오는 대사 등을 나타낼 때 두루 쓰임.

F Filter의 약자
전화 목소리, 터널 안의 울리는 소리 등 목소리에 특별한 효과음을 입힐 필요가 있
을 때.

F.O Fade out의 약자
화면이 어두워져 완전히 꺼지는 상태. 장면의 전환 또는 시간을 건너뛸 때 주로 쓰임.

/ ① 대사 속의 /
말투, 어양을 바꿀 때, 턴(term) 또는 호흡을 지시할 때 쓰임.
② 지문 속의 /
연출할 화면을 나열하거나 순서대로 지시하는 부호.

@ 행동을 지시하는 지문
설정, 행동, 환경, 동선 등을 지시하는 부호.
원문의 @ 표시를 이 책에서는 별색으로 표기해서 구분함.

O.L Overlap의 약자
'겹치다, 포개다'라는 뜻으로 한 장면과 또 다른 장면, 앞 대사와 다음 인물의 대사
가 겹쳐지도록 연출해야 할 때.

Insert 인서트
일련의 화면이나 화면에 글자나 필름을 삽입하는 것을 뜻함.

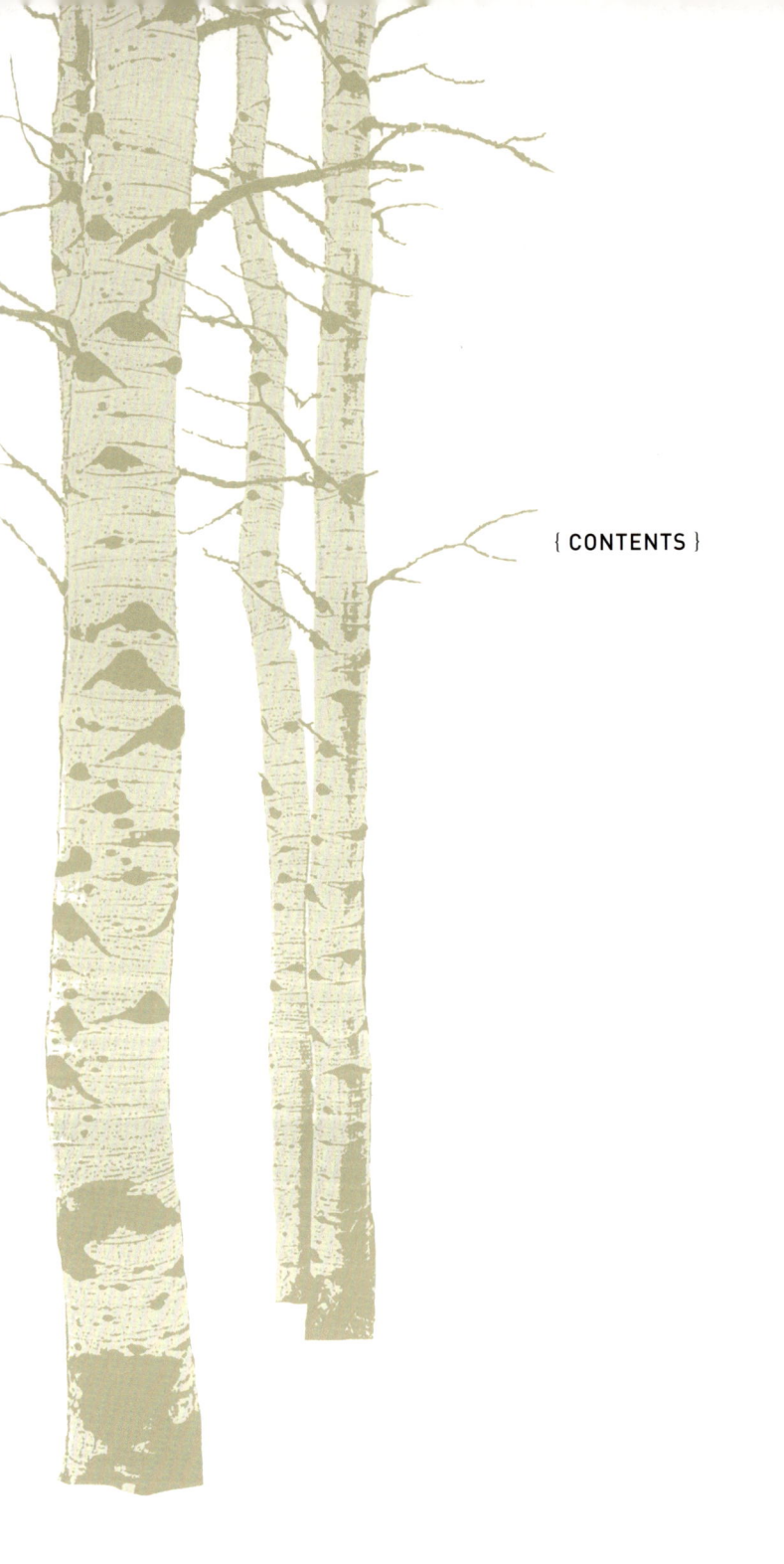

{ CONTENTS }

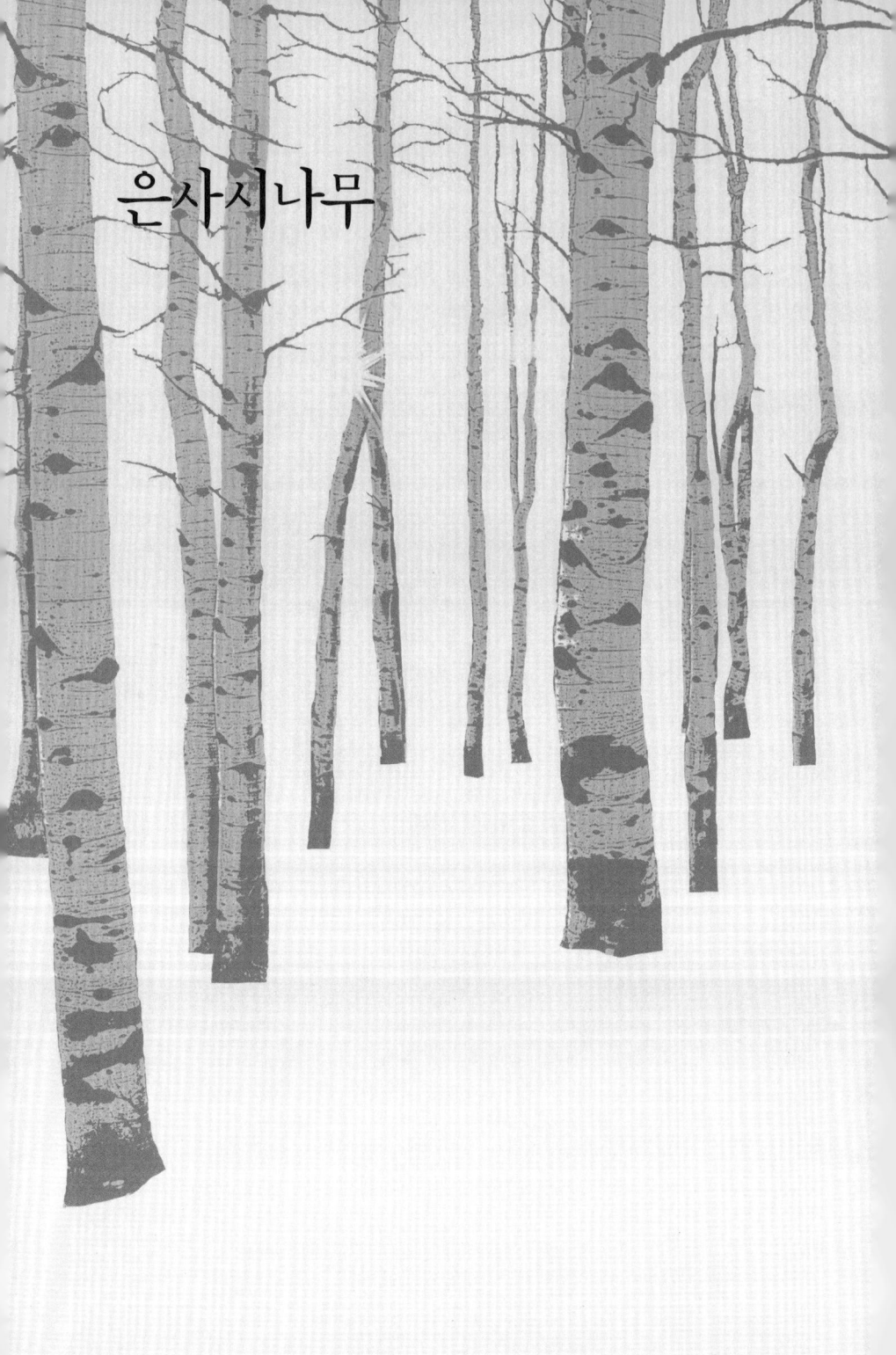

은사시나무

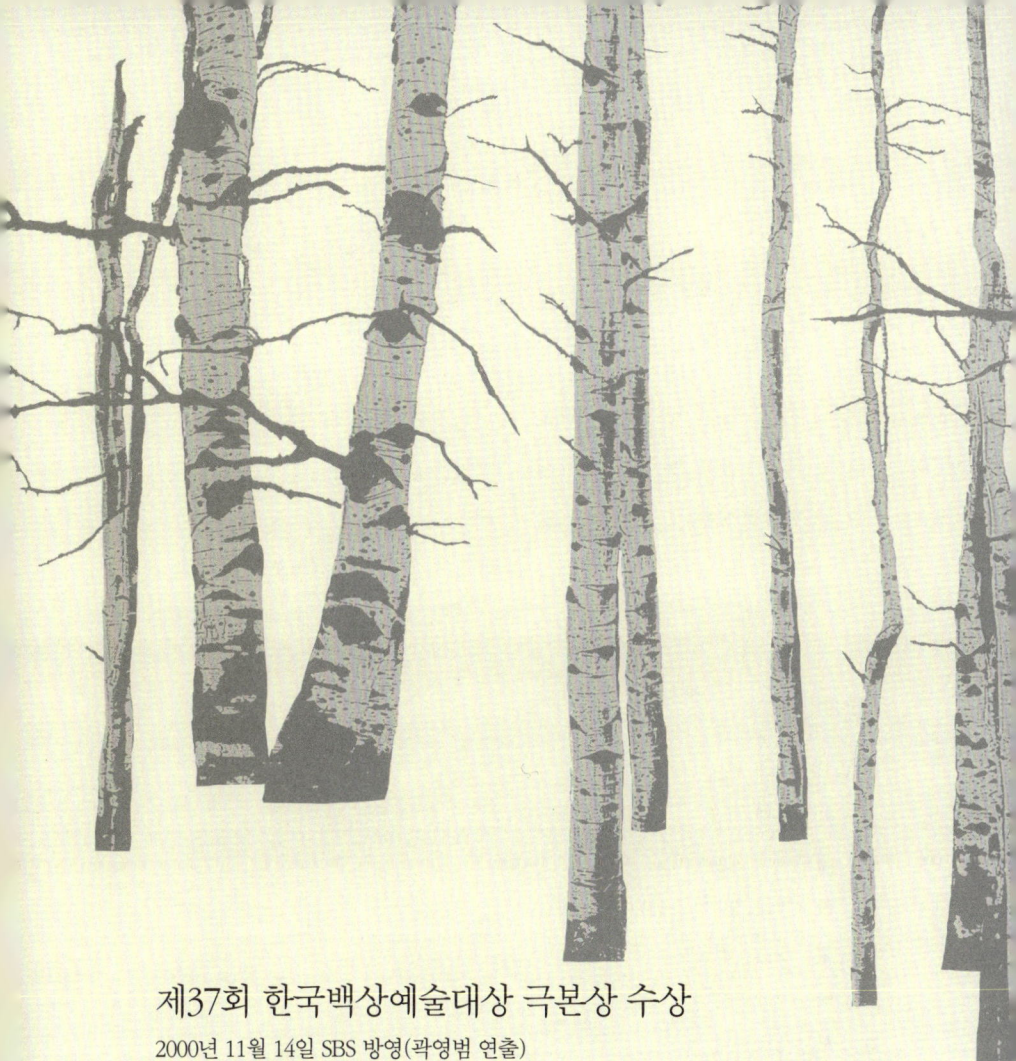

제37회 한국백상예술대상 극본상 수상

2000년 11월 14일 SBS 방영(곽영범 연출)

어머니의 제사에 다시 모인 가족…. 다시 모인 가족은 반갑게 회포를 나누기보단 그동안 쌓여 있던 서로의 앙금을 드러낸다. 그런 모습을 이비지는 에처롭게 바라본다. 외로이 그 고개를 넘고 있는 아버지들의 이야기이다. 그 길이 그저 외롭기만 한 길이 아니기를 바라는 마음으로 만든 이 드라마가 가슴속 외로움이 하얀 은사시나무 이파리처럼 머리를 덮는 아버지들의 속내를 은근히 어루만져주기를 기대해본다.

출연 : 이순재, 한진희, 박정수, 임채무, 양희경, 이덕화, 견미리, 유동근, 조민수, 이경진 외
출처 : http://www.kshdrama.com

{ 등장인물 }

아 버 지   70대. 한노인

경   환   50대. 장남. 전 지점장

인   애   50대. 경환 아내

경   란   장녀. 강아지 분양사업

무   결   경란의 전남편

경   택   차남. 자영업자

혜   자   경택 아내

경   서   삼남. 의사

경   주   막내딸. PD

진   호   경주의 애인

성   진   장손. 경환의 아들

초   희   성진의 애인. 간호사

             외 다수.

제1부

S# 1 안개가 옅게 낀 한노인 집 전경이 은사시나무들 사이로 /
새벽

S# 2 비어 있는 침침한 거실

거실을 훑을 필요는 없으나 소박한 응접세트와 가구들이 새벽
빛에 보이든지 말든지.

S# 3 아버지의 방

아버지　(침침한 속에서 이부자리 위에 앉은 채 두 손바닥 비벼서 얼굴
을 비벼 올리는 동작. 손바닥 비비는 데서부터 얼굴 만지는 데

까지 10초를 넘지 않아 정지화면으로)

S# 4 거실과 주방

아버지 (가스불에 찰떡 두 개 얹어서 굽는 중인데 옆에 도마에서 파를
썰고 있는 동작 4, 5초에서 정지화면)
커튼은 이미 활짝 열려 있고.

S# 5 거실

아버지 (소파와 탁자 사이에 앉아서 찰떡에 된장국 마시며 아침 먹는
중인 아버지. 된장국 마시는 데서 정지화면으로 / 역시 4, 5초)

S# 6 안방

아버지 (젖은 걸레로 방 닦고 있는 / 쭈그리고 두어 번 닦다가 교실 골
마루 닦듯 엉덩이 치켜들고 지이익 하는 데서 정지화면으로)

S# 7 집 밖

아버지 (중강아지한테 사료 주고 있는 / 정지화면으로)

S# 8 근처 산책길

아버지 (강아지 데리고 산책 중인 / 정지화면으로)

S# 9 마당

아버지 (낙엽 끌어모으는 중인 / 정지화면으로)

S# 10 마당

조금씩 흔들리는 낡은 그네 저편 햇빛 속에.

아버지 (담요 같은 것 무릎에 덮고 신문 보다가 고개 숙이고 잠깐 잠
들어 있는 / 정지화면)

이 정지화면에서 시작되는.

(E) 시장 소음.

S# 11 시장 노점거리 / 오전 10시쯤

먹거리 모여서 장사하는 곳. 국수 목판 앞 나무의자에 걸터앉
아서 김 나는 국수 후루룩거리며 먹고 있는 아버지.

충주댁 …… (아버지 물끄러미 안쓰럽게 보다가 다정하게) 한 젓갈 더
말아드려유?

아버지 ? (잠깐 보고는 다시 먹으며) 됐슈…

충주댁 그람 (눈웃음치고) 김밥 하나 쌀어드리까? (김밥 집으려 하며)

아버지 (국수 건지며 안 보는 채) 됐슈. 많이 안 먹어유.

충주댁 … (김밥 집으려던 손 멈추고 잠시 보다가 콩나물 그릇 앞으로
옮기면서) 이태짼가유 아자씨?

아버지 ? …

충주댁 아주머니 지사 시장 보시는 게 말유.

아버지 (그릇 놓고 물 집으며 안 보는 채) 시 해쌔시유.

충주댁 아이구 발써어… (콩나물 다듬으며) 남에 일은 이렇다니까. 이
태짼가 했네유.

아버지 (그저 잠깐 끄덕이며 물잔 놓는데)

충주댁   빠트린 거 읎시 다 보셨어유?

아버지   (돈 꺼내면서) 읍지 싶은데 모르지유… (돈 챙겨 내밀며 일어
          난다)

충주댁   (받으며 엉거주춤 일어나면서) 든든히 챙겨 입구 나오시지 추
          우시겄어유.

아버지   괜찮어유. 자알 먹었어유.

충주댁   야아. 그럼 안녕히 들어가세유.

아버지   (끄덕여 보이고 돌아서는데)

순대여자   아자씨 안녕히 가세유.

아버지   (잠깐 돌아보고 모자에 손 올렸다 내리고 간다)

충주댁   …… (보다가) 몸조심하세유우.

순대여자   (옆자리 순대 뒤집으며) 찌일어야 이삼 년여.

충주댁   ?

순대여자   마나님이 잡어가게 생겼어.

충주댁   (앉으며) 뭘 보구 그란댜?

순대여자   눈에 힘알탱이가 읍잖어. 노인네 눈 멀거니 풀리면 머잖은겨.

충주댁   … (보다가) 머리가 하얘서 그렇지 무슨, 아직 걸음걸이두 말
          짱하구 그런데에…

순대여자   두구보자구우.

충주댁   (퉁명) 입초사 떨지 말어. 객쩍게 자기가 뭐라구 남에 명줄을
          갖구 왈가왈부햐 하기를…

순대여자   홀애비 영감 혼자 조석 끓여먹구 사느니 얼렁 마누라한테 가는
          게 낫지 뭘 그랴.

충주댁 ······ (보다가 문득 국수장국 냄비 뚜껑 열고 국물 더 집어넣으면서) 어이그 두 양주 / 정두 정두 그렇게두 좋더니만. 쯔쯔쯔쯔. (멸치 한 주먹 집어넣으며)

S# 12 시장입구 택시 스톱

아버지 (제사 시장 본 보따리들 택시기사와 함께 싣는 중이다. 보따리 보따리 다 싣고) 다 실었나? (두리번거리며)

기사 야 다 실었슈. (뒷문 닫고 운전석 옆문 열며) 타시지유.

아버지 (택시에 오르고)

택시 문 닫기는 데서.

S# 13 집으로 가는 변두리 길을 달리는 택시(그 위에)

기사 (E) 오늘 일 나오는데 집사람이 말유 아자씨.

아버지 (E) 으응.

기사 (E) 아주머니 제수 시장 보러 나오시는 날이니까 워디 먼 데 가지 말구 시장 근처서 꼼작 말구 있다 모시라구유.

S# 14 택시 안

아버지 흠흠흠흠.

기사 시 엄니 지이사가 아줌니 지사 하루 전이잖어유. 어제 지냈거덜랑유. 저는 잊어먹는데 집사람은 절대 안 잊어먹어유.

아버지 (앞 보며 조금 웃으며 끄덕이는)

기사 저더러 아자씨처럼 해달라네유.

아버지	? (돌아본다)
기사	자기가 먼저 죽으면 자기 지사 시장두 자식덜한테 맡기지 말구 꼭 나보구 봐서 지내달래유.
아버지	그래 준다구 했어?
기사	야아. 피차 누가 먼저 죽든 지사 시장은 자식들 안 맡기구 직접 보기루 약속했시유.
아버지	(끄덕이며 얼굴 앞으로)
기사	아자씨 말씀이 맞어유. 며느리가 무신 애틋한 마음이 있어서 지사 시장을 아자씨만큼 정성시럽게 보겠슈. 자기네 저녁 찬거리 사는 거나 다를 거 읍지유.
아버지	……(앞 보며)
기사	…(흘낏 보며) 시방두 아주머니가 옆에 기신 거 같으세유?
아버지	그러엄… 흠흠흠흠… 그려.
기사	…(보다가 고개 앞으로 하며) 그렇게 지내시면 외롭지는 않으시겠네유.
아버지	(앞 보는 채 끄덕이며) 외롭기는… 안 외로워……

S# 15 집으로 들어오는 택시

울타리 없는 마당으로 들어와 멎는 택시.

기사	(잽싸게 내려 짐 실려 있는 뒷문과 앞문을 동시에 열려하는데)
아버지	(이미 내리고 있고)
기사	(짐으로 손 뻗치는 아버지 밀어내며) 들어가세유, 지가 들여놔 드릴 테니까 먼저 들어가세유.

아버지   아 어이 ㄲ내…

        내어지는 짐들.

S# 16 아버지의 거실

아버지   (짐들 주방으로 옮기기 시작하는데)

        (E) 괘종시계 종소리와 전화벨 소리 동시에 울리고.

아버지   (고개 돌려 시계 보며 전화 쪽으로)

S# 17 인서트 괘종시계 정오

아버지   (전화 받는다) 예에.

경란   (F) 아부지 저예요. 저 지금 망향휴게손데요, 오빠네 도착했죠?

아버지   아직 안 왔어.

경란   (F) ? 아까 일곱 시에 뜬다구 했는데 아부지?

아버지   안 왔어. 어이 와 전화는 뭐 하러 햐, 비싼 돈 버리면서.

경란   (F) 으이구우우우 (앓는 소리 같은 한숨) 저 좀 늦어요 아부지.
        이 비참한 심정을 하늘이나 알구 땅이나 알지 누가 알어요. 자
        세한 얘기는 가서 하구요. 좀 늦어두 기다리지 마세요.
        (E) 전지 다 돼가는 뚜뚜 소리.

아버지   무슨 일여.

S# 18 망향휴게소 자동차 정비공장 앞

        경란의 낡은 엑셀 앞뚜껑 열려 있고 정비공 붙어 있고.

경란   (F) (O.L의 기분) 바떼리 다 돼가요 끊어요 아부지. 아부지 아

부지 녹두는 담가놨죠? (끊긴다. 전화 접고 핸드백에 손 집어 넣고 휘저으며 스페어 휴대폰 배터리 찾으면서) 으이구우우 내 팔짜야. 으이구으이구. 내 주제에 무슨 자가용씩이나… 이 눔으 바떼리는 어디 쑤셔박혀 이렇게 안 잽히는 거야 또오오오오오… 어디 있니 나와라 좀… (하다가 집어내서 휴대폰 배터리 갈아 끼는데 / 꽤 구식 휴대폰)

무길   (화면 안으로 들어오며) 꽤 걸릴 텐데 놔두구 내 차 타구 가지. (양손에 김 나는 커피잔 두 개)

경란   ? (황당하게 보며) …… ?

무길   (커피 하나 내밀면서 웃는다) 몰랐지? … 당신 뒤 쭈욱 따라 왔어.

경란   ? 어디서부터?

무길   집 있는 데서부터.

경란   … 왜.

무길   장모님 제사 갈려구.

경란   ??? (처음 듣는 소리다) … (보다가 기막혀) 여드레 삶은 호박에 도레송곳 안 들어갈 소리 하구 있네. 당신한테 장모님이 어딨는데?

무길   (웃으며) 이거부터 받어. 날이 차. 감기 들겠어. (하는데)

경란   (그 손 탁 쳐내면서) 냉수 먹구 속 차려. 호박엿으루 보지 말라니까 정말 말귀두 못 알아듣는다 응?

무길   (끼얹힌 커피 털어내면서 우물우물) 당신을 어떻게 엿으루 볼 수가 있어. 나 같은 눔이… 그런 거 아냐.

경란   아니면 이게 무슨 수작야.

무길   장모님이 나한테 잘해주셨잖아… 우리 이혼두 끝까지 반대하
        셨었구.

경란   (O.L의 기분) 귀신 씻나락 까먹는 소리 그만하구 어이 갈길 가
        셔. 허 참 기막혀 헛김 빠지네.

무길   (O.L의 기분) 나 손 끊었어 여보. (사정하듯)

경란   손 두 개 멀쩡하게 달려 있는데 무슨 손을 끊어.

무길   정말야 믿어달라니까.

경란   형! (걸음 빠르게 옮기기 시작하면서) 그 말 믿을 시러배 딸년
        여기 없어. (무길 따르고) 손 짤라 없애면 발가락으루 놀 인간
        인 거 내가 몰라? 죽어서 공동묘지 묻히면 당신 거기서두 귀신
        들 모아놓구 판 벌일 인간야.

무길   할 말 없어. 할 말은 없지만…

경란   (팩 멈추고 돌아보며) 할 말 없으면 그만이지 무슨 토는 달아
        달길.

무길   … (보며) 여보.

경란   (O.L) 더 험한 소리 나가기 전에 사라져. 나 당신 안 받아. 내
        눈에 흙 들어가구 백골이 진토가 돼두 못해 안 해. (하고 빠르
        게 휴게실 쪽으로 간다)

무길   … (삼산 보나가) 똥돼시. (들리게)

경란   ? (픽 돌아보는)

무길   (픽 돌아서 제 자동차 있는 곳으로) …

경란   저 저저저 (식닥거리며 보는)

S# 19 아버지 거실 주방

아버지 (시장 본 것들 처리하고 있는 중이다. 대충 다 처리했고 소쿠리에 사과, 배, 감들 쏟아놓고 소파 아래 바닥에 앉아 하얀 젖은 행주로 한 알 한 알 정성스럽게 닦아 종류별로 비닐봉지에 넣고 있다) …

S# 20 공주 국도변 허술한 상점 앞

S# 21 자동차 안

인애 (운전대 좌석에서 콤팩트 보며 얼굴 다듬고 있다) … (콤팩트 집어넣고 핸드백 뒷좌석으로 치우고 앞유리 밖으로 시선 던지면서) …… (심란하고 착잡한) …… (문득 돌아보면)

S# 22 인애 시선으로 약국에서 나오고 있는 경환

S# 23 차 안

경환 (박카스 같은 것 한 병 들고 운전석 옆자리로 탄다) … (아내 안 보는 채)

인애 …… (보다가) 먹어요.

경환 (대꾸 없이 기대며 눈 감는다)

인애 안 먹어요?

경환 …… (그대로)

인애 싫다는 사람 어거지루 끌구 오면서… 그렇게 내 꼴이 못봐주겠으면서 도무지 이해할 수가 없는 사람야.

경환   ……

인애   … (보다가 기어 체인지 하며) 아무 일 없는 듯이 하구 오자는
         사람이 밤새두룩 술은 왜 퍼먹구… (스타트하는데)

경환   (울컥 구역질하며 입 막는다)

인애   (멈추고)

S# 24 유리 안 인애 시각으로 따라가는

경환   (입 막은 채 급하게 자동차에서 내려 저만큼 앞길 섶으로 가서
         쭈그리고 앉아 왝왝거리는) …

S# 25 차 안

인애   … (잠시 보다가 자동차의 물병 집어 들고 싫증나는 얼굴로 내
         려서 경환 쪽으로) …

S# 26 길 옆

인애   (와서 왝왝 헛구역질하는 남편에게 물병 내민다) …

경환   (구역질하면서 그래도 물병은 받는다) …

인애   …

S# 27 거실

아버지   (흰 행주 펴놓고 그 위에 대추 하나하나 골라 놓고 있다가 문
         득 시계 돌아본다)

S# 28 인서트 / 12시 20분쯤

S# 29 공주 갑사 대웅전 안

경택은 어정쩡하고 혜자는 진짜 불자(佛子)처럼 열심히 제대로 된 절을 하고 있다.

혜자   (팔 모아 엎드리고 엎드린 채 한동안 안 움직이는)

경택   (같이 절하고는 이내 일어나서 안 일어나는 아내 내려다본다) …

혜자   …… (그대로)

경택   …… (기웃이 보다가) … 안 일어나? … 우니? … 우는 거야? … 어이(야)… (건드리며) 어이어이.

혜자   (일어나서 절 마무리하고 돌아서 나가려 움직이며 손끝으로 눈물 닦아내는) 법당만 아니라면 진짜 두 다리 뻗구 대성통곡 하구 싶어.

경택   (따르면서) 사나이가 잘못했댔으면 끝이야. 밤새도록 잘못했다 소리 칠천 번은 했다.

혜자   (멈추고 돌아보며) 그래 어제는 칠천 번 하구 다음에는 팔천 번 하겠지. 그담에는 구천 번 할 거구. (하는데 한쪽 눈두덩이 아예 점백이 강아지처럼 둥글게 새까맣다)

경택   (눈 꽉 감고 고개 돌리며) 야 얼굴 치워. 가슴 찢겨져 차마 못 보겠다니까 얼굴은 왜 자구 들이대.

혜자   (흘기며 법당 나간다) 부처님 계신 곳야. 베락 떨어져 입에 침이나 바르구 거짓말해.

경택   (따르며) 안대 하라니까, 너 말 안 듣구 누구 보짱 채울 일 있냐?

S# 30 대웅전 밖

혜자   (앞서 걸으면서) 내가 미친년이지 두말할 거 뭐 있어. 할 말 없
        어. 날구장천 개 패듯 두둘겨 패는 인간하구 아직두 이러구 살
        구 있는 내가 구정물에 튀길 년이지 두말하면 뭐 해.

경택   (두어 걸음 처져 따르며 쭝얼쭝얼) 하늘이 알구 땅이 알구 니
        가 좋아하는 부처님두 아신다. 일 년에 한두 번 주먹 한 방이
        날구장천 개 패듯 이냐?

혜자   …… (입만 푸푸푸푸)

경택   (괜히 휘둘러보면서) 절이 좋은 거 보니까 나두 이제 늙나부
        다… 좋은데? … 마음이 편아안하게 가라앉으면서 너무 좋다
        야 여기. 들르기 잘했네 응 잘했어.

혜자   (비쭉)

경택   그냥 훌쩍 가기 서운한데 우리 잠깐 한 오 분만 쉬어 가까? 응?
        (하며 옆으로 아내 어깨 안는다)

혜자   (멈추고 남편 돌아보는 / 미워서)

경택   야, 너는 어째 그렇게 / 아 잽싸게 피하지 번번이 왜 맞어…

혜자   (눈 째지게 흘기는) …

S# 31 절 입구 음식 파는 곳

혜자   (자리잡고 앉아 핸드폰 하는 중이고 도토리묵 같은 먹을 것 한
        접시에 소주 한 병이 놓여진다 / 상관없이) 손님은… 열심히

해서 이백은 올려놔… 아 토요일이잖아, 이 기집애야. 주말 장사 백대면 날 샌 거야. 백대루 떨어진 게 언제부터니. 이러다 이제 백대두 못 올리게 생겼단 말야… 딴 집이 어떻든 무슨 상관야. 니 장사 아니라구 너 태평치는 거 증말 열불나 야…… 캬베쓰구 단무지구 물색없이 팡팡 내지 말구 좀 애껴애껴… 아 그래 날마다 하는 소리야. 장사 안되는데 줄일 게 뭐 있니 그럼. (경택 달걀 서너 개 비닐에 들고 화면 안으로)

경택   (O.L) 그만해 그만. 안달 좀 그만해 엉?

혜자   끊어. (전화 끊으며)

경택   야 (앉으며) 딴 집에 비하면…

혜자   (O.L) 아 딴 집 딴 집 하지 말어. 딴 집이 무슨 상관야 글쎄.

경택   … (뻔히 보다가) 너는 도대체 무슨 욕심이 그렇게 공룡 배때지냐 엉? 어떻게 처먹어두 처먹어두 그 배통은 찰 줄을 몰라 밤낮 배고파 밤낮.

혜자   (소주병 따면서) 내 배통이 공룡이면 재벌 배통은 뭔데.

경택   ? 뭐 너 재벌 될려구 그러니? (같잖은)

혜자   (술 따르며) 뭐 김혜자는 재벌 되면 안 된다는 법이라두 있어?

경택   돈까스 장사루?

혜자   딱 한 잔야. (술잔 주며)

경택   (받아서 훌쩍 마시고 내려 소주 따르면서) 사십 평 아파트에 날씬한 자가용에 왕왕 잘 돌아가는 가게에 더 욕심 부릴 게 뭐 있어. (아내 앞에 술잔 놓아주며) 구조조정이니 뭐니에 걸려 넘어가네 안 넘어가네 하는 대기업 우리 하나두 안 부럽잖아.

혜자	어이구우 증말… 거기 달구 있는 거 떠서 나 줘.
경택	바꿔 부쳐 그럼? 그러까?
혜자	(픽 웃으면서) 누가 싫달까봐?
경택	… (물끄러미 보는)
혜자	(안주 하나 집어서 경택 입에 대어주며) 담배 하나 줘.
경택	(받아먹으며 담배 꺼내 한 개비 밀어 올려 내밀고)
혜자	(빼서 입에 물면)
경택	(라이터 불 댕겨준다)
혜자	(빨아들이고 푸우우우) 그냥 당신하구 데이트 나온 거라면 좋겠다 여보?
경택	(그동안 비닐의 날계란 한 알 꺼내 혜자 멍든 데다 대면서) 문질러봐.
혜자	(얼굴 피하면서 소주잔 든다) 놔둬. 곰방 무슨 효과가 날 거라구.
경택	아, 날고기 좀 부치구 자라니까 말 안 듣구 쯧.
혜자	(마시고 내리면서) 몇 시야. 이 기집애 잡어야지. (서둘러 핸드폰 펴는데)
경택	(핸드폰 뺏으며) 놔둬 놔둬.
혜자	(질색) 몇! 천만 원을 퍼넜는데 놔둬 놔둬 / 당신 때매 뭔 일이 안돼 진짜. (핸드폰 팍 채간다) … 엄마야, 너 뭐 해. 그래 아직 학관 거 알어. 너 레슨 갈 때까지 오 분두 놀시 말구 죽어라 연습하는 거 알지?
경택	… (그저 뻑하니 보는 / 못 말리는 여편네)
혜자	(E) (연결) 알아 몰라? 왜 대답을 안 해애. (에서)

S# 32 방송국 편집실

경주   (다큐멘터리 필름 편집 중이다) …… (흘러가는 화면 보고 있
　　　　 다가 손가락 튀기며) 여기서 잘라주세요.

S# 33 되돌아가는 화면

경주   (같은 곳에서 튀기며) 여기요.

　　　　 자르는 작업 진행되는데.

　　　　 (E) 경주 핸드폰 우는.

경주   잠깐만요 미안합니다. 네에 한경줍니다… 어 나야… 그래? 왜?
　　　　 … 나 시간 없댔는데 남 말할 때 뭐 듣구 있었어? … 한 십 분
　　　　 이면 끝나. 어 알았어. (끊고) 계속합시다. (에서)

S# 34 작가실

경주   (들어오며) 김작가.

김   (자료 보고 있다가 일어나는) 다 됐어요?

경주   다 됐네요. (테이프 넘기면서) 무슨 일이 있어두 내일 오후 세
　　　　 시까지 원고 빠져야 해요. 세 시 정각에 만납시다.

김   한피디 등쌀에 나 원형탈모증 생긴 거 알아요?

경주   깔깔… 설마 나 때문일라구. (벌써 나가며) 부탁해요.

S# 35 방송국 앞 주차장

경주   (빠른 걸음으로 건물에서 나와 제 자동차 있는 곳으로)

S# 36 방송국 근처 길

서행하며 오다가 멈추는 경주의 자동차.

진호   (제 자동차 세워놓고 기다리고 있다가 경주 운전석 옆으로 올라타면서) 곧장 갈 거야?

경주   (돌아보며) 왜?

진호   (돌아보며) 꼭 그래야 하나 그래서.

경주   … 왜… 뭐 하구 싶어서.

진호   같이 점심을 먹든지 아니면…

경주   (O.L의 기분) 아냐 피곤해. 어제 거의 못 잤어. 들어가 샤워하구 서너 시간 자구 출발할 거야.

진호   … (보며) 나 옆에 있으면 안 돼?

경주   (고개 전면으로 하면서) 이번 필름이 영 마음에 안 들어. 소재만 망친 느낌이야. 작가가 얼마나 잘 써줄지 모르지만 감이 나빠. 엉성하게 찍은 필름 갖구 씨름하느라 고생 직사하게 했어. 너무 피곤해.

진호   나 따라가까?

경주   ? 어딜?

진호   운전 내가 해주구 가서… 갔다가 내일 경주 데리구 오면 되잖아.

경주   … (보다가 쓴웃음) 주말이야 집에 들어가 마누라랑 애들 서비스나 해… 감시딩하는 기 같다면서. 이혼 못할 거면 수습해얄 거 아냐.

진호   … (보며) 안구 싶어.

경주   그런 말 들어두 이제 기쁘지 않아… 서서히 지쳐가는 느낌이라니까…

진호   … (안 보며) 미안해.

경주   괜찮아… 모르구 시작한 일두 아니구… 이혼 못한다구 날 우습게 취급한다구두 생각 안 해. … 처음부터 결론은 나 있는 거였으니까 뭐… (쓴웃음) 늙어서 곱씹을 추억들은 몇 가지는 만들어뒀으니까 아예 안 만났던 거보다는 좋았다 생각해… 늙어서 생각하면 모두 다 아름다울 거야…… (보다가) 내려 나 갈래.

진호   그럼… 내일 와서 볼까?

경주   시간 안 돼. 필름 완성시켜야 해…

진호   (끄덕끄덕) …

경주   (보며 끄덕이는데) … (그러면서도 미련이 아주 없는 건 아니고) (E) 경주 핸드폰 우는.

경주   (정신 난 듯) 내려 빨리. 일 잘해. 재판 준비는 다했어? (하는데)

진호   (불현듯 경주 안는다)

경주   … (안긴 채)

진호   (빠르게 내린다)

경주   (핸드폰 꺼내 열어서 핸드프리에 걸면서) 네에 한경줍니다.

경란   (F) 아직 방송국이니? 안 끝났어?

경주   (조금 앞에 서 있는 진호 쪽으로 손 잠깐 들어 보이는동시에 출발하면서) 어 끝났어. 집에 가 샤워하구 좀 자구 출발할려구. 완전 파김치야. 쪼끔이라두 눈 붙이구 움직여야지 안 그럼 사고 칠 거 같아. 도착했지? 아버지 어떠셔?

S# 37 망향휴게소

경란   (핫도그 같은 것 먹으며 정비소로 움직여 오며) 도착이 뭐니 야 미치구 쨤프 치겠다. 자동차가 고속도로서 퍼져 자빠져 견 인 불러대구 지금 고치구 있는 중인데 한 시간이 넘었어.

S# 38 경주 차 안

경란   (F) 여기 망향휴게소야.

경주   ? 뭐야 언니 기어이 그 차 산 거야?

경란   (F) 샀지이. 칠십만 원짜리가 오죽 꼴꼴나겠니? 라지에타가 나 가버렸댄다.

경주   (야단치듯) 어이 참 사지 말라니까 왜 사아. 칠십만 원짜리 차 가 차야?

S# 39 정비소 앞

경주   (F) 그걸 왜 사.

경란   (열 확 받아서 멈춰 서며) 이 기집애야, 너 뭐 보태준 거 있어? 없으니까 칠십만 원짜리 샀다 그래. 게두 고동두 다 자가용 타 구 다니는데

S# 40 경수 자 안

경란   (F) 나두 자가용 한번 타구 싶어서 샀다. 왜. (픽 끊으며) 망할 년.

S# 41 경주 차 안

경주   (싫증나면서 전화 접고 음악 넣는다) …

(M) 우울한 첼로곡.

경주   …… (운전하면서)

S# 42 아버지의 거실

아버지   (식구들 수에 대충 맞춰 쌀 씻고 있는데)

(E) 자동차 바앙 하는 소리.

아버지   ? … (쌀 씻던 것 멈추고 행주로 손 닦는다) …

S# 43 마당

경서   (자동차에서 내려 트렁크 열고 작은 여행 가방과 선물 백 꺼내
        들고 집 현관 쪽으로 움직이는데)

아버지   (나오면서) 왔어?

경서   예 아버지. 어째 제가 일등인가봐요.

아버지   그려 니가 일등여. (가방 받으려 하며)

경서   놔두세요. 웬일들이죠? 지금쯤 다 도착해 있을 시간 아니에요?

아버지   (앞서며) 글쎄, 아까 경란이 망향휴게소서 전화해 지점장네 도
        착 안 했냐구 챙기더라만 아직 안 왔어.

경서   작은형은요.

아버지   아홉 시에 뜬댔어. 오구 있겠지.

경서   예에… (따르다가 문득 마당 휘돌아보면서) 공기 정말 좋으네
        요 아버지… (숨 끌어들이는)

아버지   공기야 나무랄 데 없지.

경서   서울 사는 사람들 불쌍해요.

아버지   한 대 태구 들어올래?

경서   흠흠… 좋은 공기에 담배연기 섞으라구요?

아버지   워낙 좋아하니까. (구시렁거리듯) 무슨 놈으 의사가 담배 하나
        못 끊구 그러는지 쯔쯔. (집으로 움직이며)

경서   은사시나무가 벌써 꺼줄해지기 시작하네요.

아버지   (그냥 집으로 움직이며) 이맘때면 그렇잖어. 꼭 내 꼴 같지 뭐.

경서   (아버지 보는) …

S# 44 거실

경서   (아버지한테 절하고 앉으면서) 전화두 자주 못 드리구 죄송합
        니다 아버지.

아버지   바쁜 사람이니 그러려니 허구 살어…

경서   (괜히 좀 둘러보고) 아직두… 서울 오시구 싶은 생각 없으세요?

아버지   … (보며 그 대답은 묵살하고) 미국 어멈하구 은혜는 잘 있어?

경서   예 잘 있어요.

아버지   이번 파수에는 박사를 따기는 꼭 따는겨?

경서   아마 될 거예요… 지난번에는 건강이 여의칠 못해서 놓쳤지
        만요.

아버지   그려… 이번에는 꼭 따 갖구 빨랑 들어오라구 햐. 무신 생고생
        여. 홀애비 아닌 홀애비 노릇두 일이 넌이지 쯔쯔.

경서   예에.

아버지   (일어서며) 저녁 쌀 씻다 놔뒀어. 옷 갈어입어.

경서   예.

S# 45 마당

경서   (담배 들고 마당으로 나오고 있다. 담배 태워 물고 내뿜으며 을
        씨년스럽다) …
        마당으로 들어서는 장남의 자동차.

경서   (돌아보고 얼른 담배 끄며 자동차 쪽으로) …… (내리는 인애
        에게) 오셨어요?

인애   일찍 오셨네요. (하고 뒷좌석 문 열고 쇼핑봉투 꺼낸다)

경서   … (그런 인애 잠깐 보고 운전석 옆자리에 기대어 눈 감고 있
        는 형 쪽 문 열면서) 자우?

인애   (트렁크문 닫으며) 술병 나서 그래요… 속이 다 뒤집어졌나봐
        요. (하며 집으로)

경서   (인애 뒤 잠깐 보고 자동차문 열고) 안 내려요?

경환   (내린다) …

경서   (형 내리자 차문 닫으며) 웬 술을 병이 나도록 마셔요…

경환   웬일루 이렇게 일러.

경서   (한 손으로 얼굴 쓸어내리는 형 보며) 일찍 움직일 거라더니요.

경환   내 맘대루 되는 일 뭐 있니? 담배 있지.

경서   (담뱃갑 내민다)

경환   (갑째 받아 들고 의자 있는 쪽으로 가 움직이며 라이터 꺼내
        불 당긴다) 푸우우우… (내뿜으며 의자 빼 앉는다)

경서	(다가와 서서 보는 / 바지 주머니에 두 손 찌르고)···
경환	(둘러보면서) 노인네 겁두 없어. 올 때마다 생각하는 건데 무서워 여기서 혼자 어떻게 지내시는지 모르겠다···
경서	(집 쪽 잠깐 돌아보면서) 내년 봄에는 (의자 빼며) 페인트라두 새루 칠해드려야겠어요.
경환	(경서 앉는데) 페인트 좀 칠한다구 뭐 크게 나지겠니? 엄마 안 계시니까 허당야··· 썰렁하니 스산한 게 밤에 귀신 나올 거 같아.
경서	··· (보다가) 뭐··· 궁리는 하구 있어요?
경환	궁리는 무슨··· 할 일 아무것두 없어. 의욕두 없구. (처지지는 말고 다소 시니컬하게만)
경서	의욕이 없으면 어떡해요··· 일어날 때 됐어요 일 년이 넘구 있잖아요···
경환	할 줄 아는 거 청소밖에 없다. 니 병원 청소부루 취직시켜줄래?
경서	털구 일어날 때 됐어요.
경환	(안 보는채) 털구 일어나 어떻게 뭐 하까. 고시공부해서 판검사 될까 너처럼 의사가 되래.
경서	···
경환	평생 은행에서 썩은 놈 할 거 없어.
경서	아닌 말루 뭐 적당한 장사라두···
경환	(돌이보며 O.L) 적딩한 장사 뭐? 붕어빵?
경서	··· (보며)
경환	(고개 돌리며) 장사 벌일 주변머리는 되구?
경서	······ (보며)

경환   … (담배만)

경서   작은형 돌아가는 거 봐요.

경환   아무나 하는 거 아냐. 자신두 없구… 고고한 니 형수, 음식 장
       사 싫단다.

경서   싫으면 어떡해요 대책을 세워야지.

경환   …

경서   …… (보다가) 그러지 말구 빨리 추슬러요. 이러다가는 형 진
       짜 패배자루 끝나구 말아요.

경환   (힐끗 잠깐 보며 일어나 담배 아무렇게나 던지고 집 쪽으로)

경서   …… (따라 일어서 형 보는)

S# 46 거실

       경환 부부 아버지에게 절하고 있고 / 경서는 서 있고.

아버지   (아들 내외 뻐언히 보고 있다가 절하고 일어서는데) 앉아봐.

부부   (앉는다.)

아버지   너두 앉구.

경서   … (앉는다)

아버지   왜 볼 때마다 얼굴이 더 신통찮어. 추석 때보다 더 망했어.

경환   (아내 잠깐 보며) 별루 그럴 일 없는데요 아부지.

아버지   … (뻐언히 보는)

인애   속이 편칠 않으니까 그렇지요 뭐. (아무도 안 보는 채) 편할 일
       이 뭐 있어야지요.

아버지   마음먹기 달린 거지 어디 한두 사람여? 그래두 집칸은 지니구

있구 애 공부 다시켰겠다 당장 안 벌어들이면 굶어죽는 것두
아닌데 뭐 불편할 게 있어.

인애   본인이 그렇게 생각을 안 하니까 탈이죠.

경환   (아내 돌아보는데)

인애   밥만 먹으면 다두 아니구요.

경서   (형수 보는데)

인애   (E) 지점장까지 했대야 별다른 저축이 있는 것두 아니구.

인애   앞으루 얼마나 더 살지는 모르지만…

경서   (E) (O.L의 기분) 그 걱정은 형님한테 맡기시구 (인애 경서
        본다)

경서   형수님은 그저 형님 다친 마음이나 위로해주시구 용기를 주
        세요.

인애   이 이는 걱정 안해요 서방님. 자동차 팔구 스무 평으루 옮겨 앉
        재요. 자기 차는 벌써 치우구 이 사람 지하철 타구 다녀요. 몇
        천 원이 아까워 설렁탕두 한 그릇 못 사먹구 졸쫄 굶구 들어오
        군 하면서 / 사람을 얼마나 스트레스 주는지 아세요? 이제야
        말이지만.

경환   저녁이나 해. (O.L의 기분)

인애   이 이 하구 사는 꼴 보면 우리는 벌써 빈민이나 다름없어요.

경환   밥이나 하라구.

인애   안 굶겨요. (일어나는데)

아버지 (안 보는 채) 시애비 앞에서 남편한테 꼴이라니… (혼잣소리처
        럼) 에미 많이 달라졌구나.

인애   ⋯ (시부 보며)

경서   ⋯ (바닥 보며)

경환   ⋯ (바닥 보며)

인애   국은 뭘루 끓일까요 아버님.

아버지   (며느리 안 보는 채) 생태 사다논 거 있을겨.

인애   ⋯ (대꾸없이 주방으로)

경환   (작은 소리로) 경란이 오면 끓이라구 하세요.

아버지   ? (아들 본다)

경환   맛없어 못 먹어요.

아버지   (작은 소리로) 왜⋯ 설렁탕두 못 먹구 댕겨. 뭐가 그렇게 겁이 나.

경환   (쓴웃음) 글쎄 그렇게 간이⋯ (시선 내리며) 자꾸만 쫄아드네
        요⋯ 무서운 생각이 많이 들어요.

아버지   ⋯⋯ (가만히 보다가) 니 엄마 지하에서 통곡해. 배 곯구 댕기
        지 마 이눔아.

경환   예⋯

아버지   (일어서고)

두 아들   (일어서는데)

경택   (E) 아부지이 경택이 왔습니다아.

모두   (돌아보면)

경택   (벌써 현관에 들어서고 있다 / 확 웃으며) 아버지 둘째아들 왔
        어요 하하.

아버지   그려.

경택   (현관에 선 채) 형 나 왔수. 경서 너 (하다가) 오랜만이다.

경서   형 혼자 왔어요?

경택   혼자오기는 야 바늘 가는데 실 안 오냐? (현관문 열면서) 아 안
      들어오구 뭐해.

혜자   (한쪽 안대 하고 쭈빗거리며 들어오면서) 늦어서 죄송합니다.
      요즘 장사가 신통찮아서 이것저것 챙기구 뜨느라구…

경택   (뒤에서 밀듯) 올라가 올라가. (혜자 내의 같은 것 봉투 들고 /
      밀려 올라가듯)

혜자   (밀려 올라오며) 아버님 건강하시지요? 너무 정신없이 사느라
      구 전화두 자주 못드리구…

경택   (O.L의 기분) 입에 발린 소리 생략하구 / 이 사람 눈 빠질 뻔했
      어요 아부지. 옆가게 통닭집 여편네하구 끄덩이 잡구 치구받구
      쌈판 벌이다 이 사람은 눈팅이 터지구 그 여편네는 코뼈 부러
      지구… (하다가) 아 왜 가만있어? 말씀드려.

혜자   (냉큼 나서며) 네에 제가 아주 반쯤 죽여놨어요 아버님. 호호
      호호호.

아버지 (O.L의 기분) 쯔쯔쯔쯔쯔… (혀 차면서 안방으로)
      아버지 들어가는 동안 사이 두었다가 방문 닫기자.

경환   (소파로 한 귀퉁이로 가 푸욱 기대앉으며 눈 감고 한 손 이마
      로 올리고)

경서   (바닥의 신문 집어들어 다른 편 귀퉁이로 가 앉으며 신문 편디)

경택   (눈치 보며 어정쩡 서 있다가) 점심 먹어야 하는데 점심 하시
      는 거예요?

인애   (돌아도 안 보는 채) 네에. (경멸) 동서 전거리 준비부터 해. 바

쁘게 생겼어.

경택   (마누라 쿡쿡 찔러 주방 쪽으로 가라는 시늉 하고)

혜자   (주방으로 움직이며) 네에… 큰고모 아직 안 왔어요?

인애   (무 썻으며 경택 시각으로) 안 왔어.

경서   큰고모 안 계시면 일에 두서가 없는데 왜 늦으신대요?

인애   옷부터 갈어입어.

혜자   네에. (하고 조르르 나와 현관께 놓아두었던 가방 들고 남편 돌아본다)

경택   (빨리 하라는 시늉)

혜자   (방으로 들어가고)

경택   (형들 돌아보며 괜히) 큼 크으음. (하고 소파 가운데로 앉으며 형 보면)

경환   (슬그머니 일어나 다른 방으로 움직인다)

경택   (경서 보면)

경서   (고개 돌려 경택 보고 있다)

경택   뭐 인마…

경서   차암. (혀 차듯 / 신문 들고 일어나 방으로) …

경택   (어정쩡한 채)

S# 47 남자들 방

경환   (방 가운데 양반다리하고 앉아서 담배에 불붙이는데)

경서   (신문 들고 들어와 앉다가 방바닥의 담뱃갑 본다) …
        중간급 담배.

경서	? (형 보는 / 이 사람 왜 이러나)
경환	저 자식은 저거 (하는데)
경택	(들어오면서) 왕따시키지 마슈. 우는 놈두 속이 이어 우는 거 구 (퍽 앉으며 담뱃갑 집다가) 이거… (하고 형 보고) 나 참 왜 그러구 사슈 도대체.
경환	분수에 맞게 하구 사는 거야.
경택	아 담뱃값 내가 댈 테니까 궁상 좀 떨지 마슈. 니 담배 내놔.
경서	아무거나 펴요.
경택	(별수 없이 담배 꺼내 물다가 갑자기) 아 지점장을 몇 년씩 하 구두 그래 당장 담뱃값 애껴야 할 정도루 그렇게 형편 무인지 경이유?
경환	내 걱정 그만두구 니 앞가림이나 제대루 하구 살어. (싫증나서 야단친다기보다 한심해서)
경택	제대루 못하구 사는 건 뭐유.
경환	너 제수씨 말짱하게 데리구온 적 있어 없어.
경택	…… (보다가) 내 기억에 별루 없시다.
경환	느이끼리 어떡하구 살든 알 바 아니지만, 어떻게 집에 올 때마 다 그게 뭐야. 보는 사람 민망하게.
경택	집에 올 때마다 오장을 뒤집는데 어떡해요.
경서	한두 해 살었어요? 참아 넘기면 되지 꼭 손질을 해아 하우?
경택	야, 경서야.
경서	(O.L) 야만두 아니구 깡패두 아니구 여자 상대루 힘자랑 좀 그 만해요. 형수들 보기 정말 낯뜨거워요.

경환	누구는 힘이 모자라 여자 안 때리구 사는 줄 알어?
경택	아 힘자랑 할 데 없어 여편네한테 힘자랑해요?
경환	힘자랑이지 뭐야.
경택	힘자랑이 아니구요 형 (하는데)
경서	무식하게… (혼잣소리처럼)
경택	? …… 이 자식. 너 지금 뭐랬어.
경환	(O.L) 무식해서 무식하다는 소리는 아니구
경택	(O.L) 너 이 새끼 공부 좀 했다구 건방지게 어따 대구/너 일어나. (불끈 일어나며) 일어나 짜샤!
경환	왜 이래. (올려다보며 / 좀 강하게 나무라는)
경택	(경서 내려다보며)
경환	앉어. 앉어어.
경택	(퍽 앉으며) 그래, 너 근본적으루 나 무시하는 거 알어 인마. 너 형두 무시하는 눔인데 더 말할 거 뭐 있냐. 나쁜 눔.
경서	누가 누굴 무시해요?
경택	너 이 자식 무시하잖아. 형 명퇴했단 소식 알리러 전화했을 때 인마 너 뭐라 그랬는지 까먹었냐? 그럴 줄 알았다구. 살아남을 사람으루 생각 안 했다구. 능력 없으면 밀려나는 거라구 너 했어 안 했어. 니눔 원래 싸가지 없는 눔인 줄 알구 있었지만서두 / (형 보며) 나 그때 이 자식 아주 오만 정나미 다 떨어졌수. (해놓고 경서 보며) 너 이 자식 / 너는 / 너느은 형한테 그러는 거 아니지이. 너 의대 육 년 공부 누가 시켰는데 개소리야 이 자샤.

경서 형 덕은 나만 봤수?

경택 인마 지금 누구는 보구 누구는 안 봤다 소리 하는 거야? 너는 싸가지다 / 그게 본론이야 지금 인마.

경서 싸가지 있는 작은형은 형한테 뭘 얼만큼 훌륭하게 했는데요.

경택 안마 나는 그래두 마음만이라두…

경환 (O.L) 그만들 해. 본의든 본의 아니든 너 그 소리는 잘못한 거야. 남한테두 쓰면 안 되는 말을 형제한테 하는 데가 어딨어.

경서 ……

경택 잘못했다구 안 하잖아아아.

경서 말이 잘못 나갔어요.

경환 (담뱃갑 집으며) 문 좀 열어. (담배 피려고)

경서 (일어나 창문 연다)

S# 48 아버지의 방

아버지 (가운데 양반다리 하고 앉아서 두 손 샅에 집어넣고 우두커니 앉아서) ……

S# 49 주방

혜자 (살전 부칠 고기에 파, 마늘, 기타 양념 첨가하면서 화면 시작과 동시에) 고모네 강아지 다섯 마리 칠백오십에 분양 나간 거 아세요?

인애 (생태찌개 끓일 무, 고춧가루 넣어 볶다가 막 물을 붓는 중이다) ?

혜자   모르시는구나아. 에미 두 마리가 하루이틀 상관에 암놈만 다섯 마리 낳았었잖아요.

인애   벌써 젖 뗄 때 됐나부지? (묻히며)

혜자   한 마리 백오십씩 그저껜가 그그저께 한집에서 몽땅 갖구 갔대요. 보기보다 짭짤하겠어요. 한꺼번에 칠백오십이 어디예요.

인애   종자가 뭔데 그렇게 비싸.

혜자   조막만 한 거 하얀 털 길게 리본 매구 그런 거 있잖아요 왜.

인애   (냄비 뚜껑 닫으며) …

혜자   백오십씩 갖구가 이백씩 받는다는데요? 강아지가 귀하대요.

인애   (혼잣말처럼) 개 좋은 줄 모르겠드군. 여기저기 털 날리구 질색야.

혜자   나두요. 그래두 고모한테는 그게 돈줄이구 목숨줄이잖아요. 고모 있는 데서는 강아지 싫다 소리 하면 안 되죠 뭐.

인애   … (생태 봉지 그릇에 담아 씻기 시작).

혜자   그래두 죽으라는 법은 없어요 형님. 집 날리구 이혼하구 우리가 돈 모아 택시 사준 거까지 홀랑 털리구 파출부 나설 때/진짜 우리 다 같이 얼마나 심란했어요. 그랬는데 운이 좋을라니까 애완견센터 주인집이 걸려서 그 덕에 아예 들어앉아 강아지 분양으루 먹구 사니 말이에요.

인애   (생태 씻으며) 맞으면서 왜 살어 살지 말지.

혜자   (고기 조물조물하면서 피식) 사는 사람은 또… 그래두 살 만해서 사는 거예요.

인애   하기는 맞구 사는 재미두 있다드군.

혜자   재미는 무슨… 그냥 / … 날마다 그러는 거 아니구 일 년에 서
       너 번 / 그것두 두 방두 아니구 딱 한 방씩이니까 넘어가면서
       사는 거예요.

인애   (냉장고문 열고 김치통 꺼내 싱크대로 움직이며) …

혜자   (문득 얇은 비닐장갑 한쪽 벗고 안대 떼고) 좀 보세요 형님.

인애   (보고) …… 눈 안 빠진 게 다행이네.

혜자   흉해요? … 답답해서요.

인애   아름답지는 않어. (뚜껑 열면서) 뭐 한두 번이야?

혜자   (안대 아예 떼서 주머니에 넣으면서) 초점 안 맞아 불편해 죽
       겠어요. 안 할래 시이. 아버님 두부 눌러노셨나?

인애   야채박스 봐.

S# 50 남자들 방

경택   아 며칠 전부터 쫑알쫑알 잠시두 안 쉬구 쫑알거리잖아요. 주
       말 장사 팽개치구 무슨 / 제사 한 번쯤 빠지면 안 되냐구. 이게
       말이 돼요?

경환   … (보는)

경택   한두 번 쫑알거리구 말았으면 또 몰라요. 이건 이틀 전인가 사
       흘 전부터 눈만 마주치면 쫑알쫑알 틱틱틱 쫑알쫑알 틱틱틱 사
       람 부아를 긁는데 / 저 여자 마가지 긁는 소리 인 겪이봐 모르
       지 사람 얼마나 신경질 나게 하는데요.

경환   신경질 난다구 사람을 패?

경택   패패 하지 마슈. 한 방 쥐어박았수. 내가 팼다구 하면 저 여자

지금 입관 기다리구 있어야 하구 나는 살인죄루 철창 들어가

있을 거유.

경서 거 말을 꼭 그렇게 무섭게 해야 해요? (싫어서)

경택 무식해서 그렇다 그래.

경환 (O.L의 기분) 한 귀루 듣구 한 귀루 흘리구 말어. 쥐어박어 노

면 뭐 시원한 거 있니. 볼썽만 사납지.

경택 시원한 거 없지 뭐.

경환 그런데 그 버릇 왜 못 고쳐.

경택 아 나두 참을 데까지는 참는다구요. 그건 좀 알어주. 참을 데까

지 참구참구 또 참었는데… 아버지 양모 내의 한 벌 사다 드리

자는데 또 쫑알거립디다. 그냥 갈겨버렸지.

경서 … (보며)

경환 … (보며)

경택 (담뱃갑으로 손 뻗으면서) 수전노 수전노 저런 수전노는 저건

아주 병이에요 병. 돈 앞에는 아무두 없어요. 아 즈이 친정부모

두 없는 앤데 더 말하면 뭐 해요. 저 여자는 돈이 목숨이구 종

교예요. 그저 수미년 하나만 예외예요. 악악거리면서두 그 기

집애한테는 쓸 거 쓰니까.

경환 플룻 바꿔줬다면서.

경택 이천만 원 풀 쒔수 자그마치 이천만 원. 그래 놓구 시아버지 양

모 내의 한 벌 사는 게 아까와 쫑알거리는데 손 안 올라가요?

나 돌아요 그럼.

경환 … (방바닥 보며)

경서	…… (경택 보며)
경택	말 마슈. 나두 무진장 썩구 사는 눔이유… (들고 있던 담배 개비 입에 물고 불붙이고 푸우우우 내뿜으며) 저번에두 말유, 한 보름 되나 우리 승용차가 시장 보기 불편하구 바꿀 때두 되구 그래서 승합차루 바꾸는데 / 차 계약하구 가게 들어갔더니 마침 누나가 계꾼들하구 와서 밥먹구 있더라구. 벌써 소식 듣구 너 차 바꾼다면서 니 차 나한테 넘겨라 그러기에 아 누나 차 필요하우? 그럼 갖구 가 하는데… (김새는 쓴웃음) 아 이 여편네 카운터에 있다 깜짝 소리 지르잖아.
경환	(경택 보는) …
경택	(E) 벌써 계약금까지 받구 딴 사람한테 넘겼는데 무슨 소리냐구.
경서	(보는 위에)
경택	(E) 뻔한 거짓말인지 알면서두 그 자리서 어떡해. 어물어물 넘어가구 집에가 조졌는데 한마디루 시집이구 시누구 나발이구 필요없다 그거야.
경택	남한테 넘기면 제값 받구 파는데 뭐 때매 시누한테 공짜루 주냐 땅을 백자를 파봐라 천 원짜리 한 장 나오드냐 눈 똥그랗게 뜨고 덤벼드는데, 그냥 눈알을 확 파버릴 수두 없구. (하다가 보고 있는 경서 보고) 미안하다 무식해서. 난 태생이 그래 니가 봐주라.
경서	작은형수 짠 거 우리 다 알아요. 그냥 포기하구 살아요.
경택	너 말은 쉬워. 여편네 그런 거 얼마나 징그럽구 미운지 아니? 이게 인간인가 사람인가아아 어처구니가 없다가 / 한 순간 부

르르르 치가 떨리면 / 나두 모르게 갈겨지는 거야.

경환   너 돈 관리는 어떻게 하구 있니.

경택   ? 저 여자가 다 움켜쥐구 있지 뭐. 나 하루 만 원씩 용돈 타 써
요… 술이라두 한잔 먹을 일 있으면 사정사정해서 따루 타내
구. 나 돈 안 줘요. 줘두 탈이지만.

경환   (O.L의 기분) 그러다가 늙어서 알몸으루 쫓겨나면 어떡할 거야.

경택   ? 왜 쫓겨나요.

경환   너야 명퇴 같은 거 할 일 없으니까 경우가 다를지두 모르지
만… 경제권은 쥐구 있는 게 낫겠더라. 돈 벌어들이다가 그게
없어지니까… 딱 돈 버는 기계 고장 나 서 있는 폭밖에 안 돼.

경택   자격지심이?

경환   자격지심두 반은 되겠지.

경서   (보는 위에)

경택   (E) 형수님이 재미없게 해요?

경환   (E) 아무두 모르는 비상금 얼마쯤은 만들어둬.

경환   늙어서 집에 손 안 내밀구 너 혼자 움직일 수 있는 돈은 갖구
있는 게 좋겠더라.

경서·경택   (경환 보는데) …

경란   (E) 무슨 인심이 이래 진짜. (남자들 방문 쪽으로) 사람이 늦어
지면

S# 51 거실

경란   (들고 들어온 김치통과 반찬통들 쾅쾅 놓으며) 어디쯤 오구 있

나 (주방으로) 언제쯤 도착하나 궁금하지두 않단 말야? (식탁
　　거리면서 냉장고로) 어떻게 전화 한 통 하는 사람두 없어그래.

혜자　즈이두 도착한 지 얼마 안 돼요 형님.

경란　(열었던 냉장고문 퍽 닫으며) 물두 없네. (손 부채질하며) 얼른
　　얼음 빼 냉수 한 사발 만들어. 우우우우우 더워. 어이구 미치겠
　　다. 아부지 저 왔어요오! (안방으로 움직이며) 아부지 어디 계
　　세요. (하다가 나와 선 경택, 경서 스치면서) 오랜만이다들. 얼
　　굴 잊어버릴 뻔했다. (안방문 열며) 아버지

S# 52 안방

경란　나 이제 도착했어요.

아버지　(앉은 채 고개만 틀어 보며) 도착했으면 했지 왜 이리 시끄러워.

경란　식구 많은데 왜 혼자 그러구 기셔유?

아버지　즘심 기다리는겨.

경란　아 즘심을 기다려두 나와서 기다리세요. 청승맞게 그라구 기시
　　지 말구. 우리 아부지 승격두 이상햐 참. 나오셔유 얼렁. (돌아
　　서다가 문득 되돌아보며 엄마 사진 보고) 엄마 나 왔수. (돌아
　　서며) 나오세요 나오세요.

S# 53 거실

경란　(방문에서 떨어져 주방 쪽으로 움직이며) 니덜 뭐 하구 있는겨
　　아부지랑 놀아드리지.

경택　나오세요 아부지!

혜자   (물그릇 들고 와 내밀며) 형님.

경란   엉. (물 받다가 보고) ? 또야? … 끌끌끌끌끌… 그렇게 터져두 그래두 눈이 제자리 박혀 있는 게 용타. (소파 쪽으로 가고 있는 경택 보면서) 저 자식 저 손버릇은 어떡하면 고치는 거야 대체. 나쁜 놈.

경택   아 물이나 마셔요.

경란   (벌컥벌컥 마시고 대접 퍽 밀어주면서) 때리는 눔이나 맞는 기집이나. 매련하니까 맞지 왜 맞어. 벌써 인상 보면 몰라? 이거 아니다 싶으면 후닥닥 튀구 보라니까 왜 마지막까지 얼굴 들이대구 앙알거리다가 터져 터지기는.

혜자   (웃으면서) 저는 형님 그게 안돼요 글쎄.

경택   (혜자와 함께) 알기는 잘 아네. (앉아 있다)

경란   어이그 미친 눔. (하고 경택의 옆으로 가 풀썩 앉으며 퍽 어깨 갈기며 작게) 그 버릇 언제 고칠껴. 죽을 때까지 할껴?

경택   개 팔아 횡재했다면서.

경란   횡재 좋아한다.

경택   떼부자 됐다 그러든데 뭘.

경란   돈 칠백오십이 무슨 코 같은 횡재구 떼부자야. 오줌 똥 치워가며 멕이구 씻기구 빗기구 하루 스물네 시간 개새끼들한테서 헤어나질 못하구 치다꺼리하는 생각은 안 해?

경택   그래두 한몫에 칠백오십이면 그게 어딘데에.

경란   그래, 한 달 천만 원 우습게 버는 느네들에 비하면 새발에 피지만 벌긴 좀 벌었다 으흐흐흐. (갑자기 소리 죽여) 왜 팼니.

경택	(주방 흘끔거리며) 말 안 들으니까 팼지이.
경란	무슨 말을 어떻게 안 들었는데에.
경택	시키는 대루 안 하구 극성 떨어서 손 좀 봤어.
경란	(비쭉) 쟤 극성은 매루 다스려질 극성을 넘어선 극성야 야.
경택	(한숨처럼) 맞는 말인 거 같애어.
경란	(쿵 머리 쥐어박으면서) 사내 못난 눔이 여편네 매루 다스리려 들더라.
경택	아, 왜 그래애애.
경란	이번에는 아주 오방 맞은 거 같으다? (싫지 않다)
경택	어이그… (경서는 형 있는 방으로 아웃되고 없음)
경란	(벌떡 일어나며) 아부지 배고프시댜. 얼렁얼렁 서둘자구우.

S# 54 집 전경 / 1시 반쯤

S# 55 거실
상 두 개. 여자용 남자용. (화면 시작과 동시에)

경란	(상추 고르면서 / 옷 갈아입었고) 칠십만 원짜리 자동차가 여북하면 오죽하겠냐구우. 요즘 애들 말루 무늬만 자동차지 달구진데 / 안 퍼지면 이상한 거지 뭐. 칠십만 원짜리에 라지에타 가느라 십이만 원 쏟아붓구 왔다는 거 아니니.
경서	그런 차를 뭐 하러 사요? 그건 사는 게 아니지.
경란	저 녀석 경주 기집애하구 똑같은 소리 하네? 내 형편에 맞췄다 그래.

경서   차가 뭐 꼭 그렇게 필요해요.

경란   너 그러면 나 열나 얘. 심장 나빠서 숨은 찬데 버스 타구 지하
       철 타구 이십 분 언덕배기 올라 다니는 거 너무 힘들구 처량맞
       어서 내가.

경서   (O.L의 기분) 살려면 좀 쓸 만한 걸 사지 칠십만 원짜리가 차
       냐구요.

경란   (열 좀 받으며) 차 아니구 달구지야 그래. 어느 놈 하나 보태주
       는 놈 있어 쓸 만한 걸 사아. 내 주제에 딱 아니니?

경택   (자동차 문제기 때문에 찔려 있다가) 주제 얘기가 아니구 어차
       피 살 거면

경란   (터지듯) 야 시끄러! 너는 입 다물어 빙충이 같은 눔.

아버지   ?

다른 사람 (각각 썰렁… 사이)

경환   밥상 앞에 놓구 왜 화는 내구 그래.

경란   … (싸려던 상추는 그만둬버렸고 아무거나 집어먹으며)

경환   내 차 갖구 갔으면 좋았을 걸 그랬다.

경란   뭘 몰라두 한참 모르네. (흥분은 하지 말고) 안 그래두 그 집 차
       처분한다길래 언니한테 그거 할부루 나 주면 안 되냐구 운 뗬
       었수.

경환   ? (아내 본다)

인애   (차분하게 먹으면서)

경란   (E) (인애 위에) 못 들은 척 딴 얘기 하구 만다. 드럽구 치사
       해서 증말.

경환	… 나한테 얘길 하지 왜.
경란	아, 오빠 지하철값두 애끼느라 한두 구간은 걸어 다닌다면서. 제값 받구 팔아 돈 챙긴 거 잘한 거야…… (먹다가 제풀에) 아이구 자동차 얘기 그만합시다. 신경질 나 밥 체하겠어.
모두	… (묵묵히 먹는)
경란	… (먹다가 새삼스럽게 수저 딱 놓으면서) 경택이 너두 빙충이 같이 그러구 살지 마 이 자식아.
경택	…
경란	어쩌다 한 번씩 눈팅이 밤팅이 만든다구 아쭈 사내답게 사는 거 같지? 착각하지 마. 여편네 손에 꽉 쥐어서 숨두 크게 못 쉬구 사는 얼간이가 무슨…
경택	(O.L) 아 조용히 밥이나 먹읍시다. 유감 많은 건 아는데 / 그건 누나하구 나하구의 문제구 분위기 흐리지 말구 화기애애하자구요.
경란	자동차 퍼져 나자빠져 꼼짝 안 하는데 내가 얼마나 비참하구 속상했는지 그냥… (목이 메면서) 재수 없는 년 뒤루 자빠져두 앞통수 깨진다구 멀쩡하게 잘 굴러다니던 게 하필 왜 고속도로서 퍼지냐 말야 퍼지길. 수리하는 데는 또 왜 그렇게 오래 걸려. 날은 을씨년스런데 춥기는 하지 버리구 올 수두 없구 그냥 덜덜덜덜 떨면서… (징징징으로)
경택	(O.L) 아 휴게소 들어가 있지 떨기는 왜 떨구 그것두 한을 만들어어. (화나고 속상해서) 누나 문제가 뭔지 알어? 그저 뭐든지 한을 만들어 한을… 이것두 한 저것두 한 / 그래 갖구 되는

일 아무것두 없다구. 점점 꼬이지 되는 일 없어요.

경환　가만있어.

경택　아 누나 장기잖아요. 일단 징징거려서 김 팍 새게 만들어놓구 시작하는 거. (불끈 일어나 나가며) 어이 대책없어 정말. 무슨 누나가 저래 진짜.

경란　(나가는 경택에게) 그래애. 이거밖에 안 돼서 미안하다 미안해. 이 자식아 니가 나 밥 줬어 옷 줬어? 너 돈 좀 번다구 뵈는 게 없어? 누구한테 벅벅거려 이 자식아. (경택 아웃)

경환　너두 그만해.

경란　이잉잉잉잉 내 팔자 한심하구 속상하니까 그렇지이. (징징징징 징징징징징)

경환　(슬그머니 아버지 보고)

아버지　(묵묵히 먹고 있고)

경서　… (숟가락 놓으며) 어떻게 된 게 이 집 식구들은 모이면 시끄러워 모이면… 먼저 일어나겠습니다. (일어나 남자들 방으로)

경환　…

아버지　… (아무 일도 일어나고 있지 않은 듯)

혜자　(눈치 보다가 부스스 일어난다) …

S# 56 마당

경택　(주머니에 손 찌르고 서서) …… (끓어서 죽겠다)

혜자　(나와서 옆에 서 담뱃갑 내민다) …

경택　…

혜자	담배나 펴.
경택	…
혜자	아버님 족발 사다노셨대. 고모가 앉혔어.
경택	(본다)
혜자	… 뭐어.
경택	누나 줬으면 아무 문제 없는 거잖아.
혜자	이백이나 받는 걸 어떻게 공짜루 줘.
경택	이백 없어서 우리 죽어?
혜자	자가용 없어서 죽는 것두 아니잖어.
경택	심장이 나쁘잖어 심장이이이 /
혜자	아이구 돌아다니는 거 보면 심장 나쁜 것두 아냐 뭐.
경택	(주먹 올라가며) 이이이이이… (했다가 내리면서) 내 눈깔 내가 쑤셨는데 내 손가락을 잘라버려야지 그래 엠병할 / 환장하겠다 환장하겠어. (하며 담뱃갑 확 채뜰어 담배 꺼내면서 의자 뺀다) 눈앞에 있지 말구 꺼져 빨리.
혜자	… (보는)
경택	푸우우우우우… 너는 어떻게 그렇게 인정머리라구는 좁쌀 알갱이만큼두 없니.
혜자	… (비쭉)
경택	인간이니 괴물이니…
혜자	맘대루 생각해.
경택	정 떨어져 못살겠다 증말. 계속 이러면 곤란해애… 어디 따끈따끈한 여자 없나 찾아보구 싶어진단 말야.

혜자	죽을려면 무슨 짓은 못해. 배고프면 얘기해. (하고 돌아서 움직이는)
경란	(아내 가는 것 보다가 의자 차듯 일어서며) 야 이 기집애야, 너 무서워 딴생각 안 하는 줄 알아?
혜자	(돌아보며) 잠바 갖다줘?
경택	(의자 냅다 차버린다)

S# 57 거실

남자들 밥상 치워지는 중. 인애가 밥상 들어올리는데.

아버지	갖다 줘.
인애	아니에요 됐어요… (밥상 빠지고)
아버지	…… (바닥에 떨어진 것 집어 재떨이에 넣고)
경환	(눈치 보며 걸레 집어다가 닦는다) ……
경란	(밥상 앞에 뿌우 앉아서) ……
경환	(걸레 원래 바구니로 옮기면서) 차 좀 주라.
경란	(일어나면서 부어터진 채) 뭘루 디려요 아부지.
아버지	아무거나 뭐…
경란	(주방으로 움직이는데)
혜자	(들어온다)
경란	(움직이다 말고 돌아보며) 차 준비하구 설거지 빨리 해치워.
혜자	네에.
경란	(싱크대로 가서 컵 하나 집어 수돗물 받으면서) 아는 척 좀 하구 삽시다.

인애	?
경란	눈두 안 맞췄잖아요. (벌컥벌컥)
인애	아는 척할 새 없었어요.
경란	말 되네. (컵 딱 놓고 소파 쪽으로 움직이면서) 경서야 나와 차 마셔. (하고 마루문 열고 밖에 대고) 야 뭐 해, 들어와 차 마셔. (문 닫고) 너머 신경을 써서 그런지 머리 아퍼 죽겠네. … (안방으로)
경환	(움직이는 경란 보고)
경서	(방에서 나오는데)

S# 58 안방

| 경란 | (들어와서 장에서 베개 꺼내 퍽 던지고 퍽 쓰러지듯 누우면서 한 손 눈 덮고) …… (잠시 있다가 불끈 일어나 전화 다이얼링) …… 뭐 하느라 이렇게 전활 안 받는 거야… 애들 밥 줬어? … 유끼 좀 어때? 코 촉촉해졌어? … 밥 먹는 건 어떻구? 하나 두 나는 잘 놀구? 세실이는 아직두 심통부리구 있어? … 그년 진짜 못됐네. 무슨 개새끼가 그렇게 소가지가 나빠 그래. … (펄쩍) 그래서… 주의하랬잖아아? 신랑 만날 때 돼서 인사불성인 애 감시 잘하라니까 진짜? 애만 놓쳐 너. 그거 새끼 벌써 맞춰 났단 말야. 이 그레 신랑두 만나기 전에 벌씨 맞췄다니까. 코코 걔가 혈통서 있는 애잖어. 피터하구 결혼할 거라구 했더니 서루 달라구 난리다 애. … 응. 잘 왔어. … 아아니 씽씽 잘만 달리더라 애. 응? … 아냐아냐 목욕시키지 마. 아직 감기 다 안 떨어 |

졌어 그냥 둬. … 그래… 그래 문단속 잘하구 자…아침 먹구 산
소 들렀다 갈 거야… 잘하면 한 시쯤 들어갈 거구. 엄마 늦어서
나 갈 거야. 응 그래 부탁한다 우리 착한 딸… 응, 안녕… (끊고
밖에서 무슨 얘기 하나아 문께로 움직여 귀 기울이는) ……

S# 59 거실

인애 (녹차 같은 것 내고 있다. 혜자는 설거지 중) …

모두 … (묵묵히)

아버지 애들은 아무두 안 오는겨?

경환 성진이 올 거예요.

경택 우리 기집애는 레슨이 있어서요 아버지…

혜자 (설것이하며) 콩쿨 준비하느라구 바뻐요 아버님.

경란 (나오면서) 걔는 가망이 있는 거야 없는 거야.

혜자 열심히 하구 있어요.

경란 (소파로 가면서) 나간다는 소리만 들었지 입상했단 소리는 들
은 적이 없어서 말야.

혜자 (불만이고) 경쟁이 얼마나 무서운데요.

경택 (E) (경란에 연결) 천재가 아닌 건 분명한 사실이구 그걸루

경택 대학이나 가주면 감지덕지겠는데 모르지이이.

혜자 저이는 말을 해두 꼭 저렇게 재수없게.

경택 (O.L의 기분) 순전히 당신 허영심이지 소질두 없는 애 생고생
야 지금.

혜자 소질 없으면 어떻게 플룻으로 고등학곤 들어가요. 예고는 뭐

아무나 들어가요?

경란 예고두 예고 나름이야.

경환 그러지 마 애 사기 떨어져. 애비가 잘한다 잘한다 그래야지.
(남아 있다)

혜자 (O.L) 그렇죠? 아주버니. (아예 나서듯 움직이며) 저이 야단 좀
쳐주세요 아주버님. 저럴 때 보면 지가 어디서 데리구 들어온
자식이라니까요?

경택 아 시끄러. 내 얘기가 정확한 얘기야. 한판 벌입시다. 화투 어딨
어요 아버지.

경란 어이그으 징그러워. 벌이긴 뭘 벌여. 그냥 놀아.

경택 아 뭐 하구 놀아? 쎄쎄쎄해?

경서 오늘은 그냥 얘기나 하면서 보냅시다.

경택 야야야 얘기 골치 아퍼. 얘기하다보면 왈가왈부되구 왈가왈부
하다 삐끗하면 또 작은누나 악악거리구 골치 아퍼요.

경란 빌어먹을 놈. 만만한 게 뭐라구 빽하면 끌어붙이는 게 나더라
저 자식은.

경택 아 나두 대학 가게 생긴 자식이 있는 놈이유. 이 자식 저 자식
좀 삼가슈.

경란 따따 꼴값을 떤다.

혜사 우리끼리는 이해하는데 그래두 애들 있는 데서는 좀 조심해주
시는 게…

경택 아 시끄러. 당신 빠져. 우리 형제들 얘기에 당신이 무슨 자격으
루 껴. 괜찮아 누나. 해. 해. 나이 오십 바라보면서 이 자식 저

자식 해주는 누나가 있는 게 행복이지 뭘 그래.

경란   (픽 웃으며) 니가 하란다구 하구 하지 말란다구 안 하니 내가?

경택   그러엄, 우리 누나가 누군데에. 곰방 죽어두 한경란인데에에.

경란   (바닥 빈 찻잔에 녹차 봉지 넣고 주전자 물 따르면서 O.L) 애 대학 가는 건 부모 가랭이가 얼마나 찢어지느냐에 달린 거 아니야. 과외비를 얼마나 때려넣느냐두 아니구 레슨비루 코피를 얼마나 쏟았느냐두 아니구 결국은 지 기본 실력이야아.

경택   어이구 그래 알았어. 누나 딸 과외 한 시간 안 하구 과 톱해서 장학금 받어. 아버지 화투 어딨어요 화투. (일어나며)

경서   아 그냥 이렇게 편하게 쉬자구요.

경택   저건 지가 더 좋아하면서 시작할 때는 꼭 초 뿌리더라.

경환   아버지 심심하셔.

경택   아 아버지 구경하는 거 좋아하시잖아요. 좋죠 아버지?

아버지   그려… 내 찾아다 주께. (일어나며)

경택   봐 하라시잖아. 형제들이 다 같이 모였는데 어떻게 오천만의 오락 / 고스톱을 안 칠 수 있어. 여보, 깔판 찾아와 깔판. 박아 놓구 끝장을 내는 거야 오늘… 너 두둑하지? 형 밑천 얼마나 돼요? 내가 좀 밀어주까? 오늘은 딴 거 반 내놓구 그런 거 없기야. 다 먹는 거야 알았지? (혜자 안방에 들어가려는데)

아버지   (깔판과 화투 들고 나오는)

경택   (받으면서) 자아, 어디 한번 땡겨보까?

경란   어이그 징그러 저 늠으 고스톱 판. (불끈 일어나 주방으로) 간 맞추는 거 내가 할 테니까 언니 딴 거 해요. (인애 큼직한 양푼

에 눌러 짠 베보자기의 두부 털어넣고 있다가 물러나고 / 능숙
하게 두부 마저 넣고 간 고기 때려넣고 양념거리 집어넣고 치
대 섞기 시작하면서) 나물들 다듬어 씻어 집어넣구요. 토란두
손질해놓구 탕국 들어갈 갈비 고기 기름 발라놓구… 수미 엄
마, 멀었어? (설거지)

혜자 금방 해요.

경란 (동그랑땡 재료 섞어 치대면서) 족발 김 안 나요?

인애 (싱크대 치우면서) 이제 나기 시작해요.

경택 (E) (바닥 패 한 장 뒤집으며) 밤일 낮장! (하다가) 하하 틀림
없는 선이네. 내가 선이유 형.

경란 감시 잘해. 재라구 허무길이 되지 말라는 법 없어.

경택 (때리면서) 허무길이 같은 소리 하네. (아버지 와서 기웃이 보
고 있고) 노름쟁이두 사주팔자에 있는 거지 내 사주에 그런 건
없으니까 안심하슈. (하면서 때린다 / 화투는 자유롭게 뒤집히
는 대로 지껄여가면서 진행하시기를)

（E) 전화벨.

경택 전화 받어.

아버지 내 받으마. (혜자 움직이려다 말고) 예에 여보세요? … 어 성진
이야?

아버지 (E) (주빙에서 돌아보는 인애 위에) … 오나 잠깐 기다려라.
(보고 있는 경환에게)

경환 (E) (받아서) 벌써 떠났어? … 왜? 오기 어려워?

S# 60 병원 의국

성진   (선 채로 뭔가 뒤적이면서) 아니에요 아버지. 여덟 시경에는 들어가도록 할게요. 그런데요 아버지… 저… 초희 (옆자리 초희 돌아보며) 데리구 가요. 아버지만 알구 계세요.

S# 61 거실

경환   … 꼭 그래야겠어? …… 그래 알았어. 그래. 해봐 그럼 한번… 그래 끊어. … 아부지 고스톱 쳐. (쓴웃음) 응 그래. (전화기 아버지 주고)

아버지   (전화기 받으며) 못 온댜?

경환   여덟 시까지는 댄대요.

아버지   으음…

경란   그래두 장손이 다르기는 다르다. 그 바쁜 와중에두 안 빠지구 꼬박꼬박 오니… 그러구 보면 외손주는 말짱 소용없죠 아버지.

아버지   에에 잘못 쳤어. 그게 아니지이… (진행되는 게임에)

경란   (웃으며) 어이그 아버지. 낄낄낄… 아아이구 참 아부지 왜 녹두가 안 보여요?

아버지   담가서 뒤꼍에 내놨어. (화투판 보면서)

경란   깜짝야 잊어버리신 줄 알았네…

경택   아 뭐 해요.

경환   … 낼 게 없어.

경택   아무거나 내요 아무거나. 내가 다 잡쉬줄 테니까 부지런히 내라구요.

아버지	(내려는 큰아들 패 말리면서) 가만있어봐… 그렇게 하는 게 아니야. 그러니까 밤낮 깨지지. 풍 던져버려 풍.
경환	(풍 내는데 쪽이다)
경택	이거 뭐야.
경환	하하 한 장씩 내. (걷는데) 빨리.
아버지	청단이야.
경환	? 어 청단이네 야 나 청단 났다.
경택	어이 아부지 가만히 좀 계세요. 네?
경서	(화투패 던지면서) 이거 뭐야. 광박 씌우는 건데 아버지 때매 밟혔네.
경택	아 훈수두기 없기예요 아버지. 예?
아버지	잔소리들 말구 계산들이나 해. 천오백 원씩 바쳐.
두 남자	(계산)
경택	에이, 첫판부터 이게 뭐야. 여보오 족발 아직 안 됐어?
경환	(화투패 섞으면서 소리 안 들리는 대사들 하면서 / 다소는 화기 있어진 분위기 / 카메라 빠지면서)

제2부

S# 1 집 전경 / 밤

S# 2 거실 주방

경란　(잔뜩 부쳐놓은 생선전, 고기전, 동그랑땡, 녹두빈대떡. 인애
　　　와 혜자 두 군데서 각각 마지막 빈대떡 부치는 중이고 / 김 팍
　　　팍 나는 작은 떡시루 - 동부 계피 낸 노랗거나 흰 고물 시루떡
　　　- 나무젓가락으로 찔러보는 중 / 젓가락 싱크대에 넣으며) 떡
　　　자알 익었습니다아… (시루 불 끄면서) 우리 아버지 떡살에 고
　　　물까지 다아 준비해놔 주시니까 이렇게 간단하구 쉽지, 아니면
　　　최소한 맏며느리는 하루 전에는 와야 하네. (행주에 손 닦으면

서) 우리두 손 놓구 족발 좀 뜯으까? 이제 메 앉히구 탕국만 데
우면 되잖어.

인애 나물 무쳐야죠.

혜자 아직 시간 많아요. 형님들은 잠깐 쉬세요.

경란 아그 아그그그 (허리 두드리며 잠깐 바닥에 퍼지르며 발바닥
주먹으로 때리는)

인애 (다 된 빈대떡 채반으로 내면서) 제사 이렇게 모시는 집이 어
딨어요. 전까지 다 부쳐 파는데 정말 안 변하는 집이에요.

경란 ? 제사라는 게 하나서부터 열까지 내 손으루 정성껏 차려놓구
맛있게 들구 가세요오 해야지, 언니는 백화점 쇼핑 제사가 부
러워요?

혜자 바쁜 세상이니까요.

경란 (일어나며) 조상 제사두 제대루 못 지내게 뭐가 그렇게 바뻐.
애들 데리구 피서 가 노느라 바뻐서 돈 주구 제사상 맞춰다 놓
구 느닷없는 콘도서 꾸벅거리구 제사 지내는 거야?

인애 비약할 건 없어요.

경란 (족발 소쿠리로 / 살 바르고 난 뼈와 발가락 부분 소쿠리 뒤적
여 큰 접시에 따로 담으면서 / 감정이 그러니까 고기 건드리는
손도 툭 툭툭) 나는 딸년이 제살 멕여줄라는지이 안 멕여줄라
는지 모르지만 / 행여 성진이 듣는 덴 그런 소리 마슈. 가르칠
건 딱 부러지게 가르치는 거예요.

인애 …

족발 그릇 들고 마루 쪽으로 움직이면서.

경란	이리 와 먹구 해… 응? 와서 뜯어.
혜자	네에. (치우다 말고 싱크대에 손 씻으며) 형니임.
인애	가서 먹어.
경란	(O.L) 안 좋아해. 어이 와, 좋아하는 우리나 먹자구. (벌써 자리 잡고 뼈 하나 들고 뜯으며)
혜자	(눈치 보며 움직이는데)
경택	(앉은 채 방문 열고) 여보 소주 하나 줘. (방에서 누가 뭐라는지) 아니 두 개 줘 두 개.
혜자	알았어요. (하고 돌아서는데)
경택	(E) (방문 닫으면서 하는 소리 잠깐) 그러니까 하루아침에 (문 닫기고)

잠깐 혜자 움직이는 사이.

혜자	(냉장고에서 소주 두 병 꺼내 돌아서는데)
인애	성진 아빠 술 많이 주지 말라구 해.
경란	? (뼈 뜯다가 돌아보는)
혜자	… 제가… 어떻게요.
경란	(벌떡 일어나며) 인 줘, 내가 갖구 들어가께. (혜자에게로 / 술병 넘어오고 / 받으면서) 이거까지 네 병째유. 술고래 경택이 목축일 정돈데 오빠가 먹어봤자 얼마나 먹을 거라구.
인애	(O.L) 거의 알코올중독이에요. 밀짱한 정신일 때가 있는 술 아세요?
경란	…… (보는)
인애	(여전히 보지도 않고 움직이며) 술병 나 못 일어나 늦은 거예요.

경란   …… (보다가 돌아서는)

인애   지긋지긋해 정말. (혼잣말처럼)

경란   ? (되돌아보는) …… (보다가 좀 눙쳐서) 누구처럼 주정을 하
       는 사람두 아닌데 너무 그러지 마슈. 그 속은 오죽해서 그러겠
       수 에?

인애   …

경란   (술병 들고 못마땅해하면서 안방으로 돌아서는데)

S# 3 안방

아버지 (밤 쳐서 맑은 물에 집어넣고 있고)

경택   (화면 시작과 동시에) 그러니까 여러 말 할 거 없어. 내가 알어
       서 할 테니까 형은 그저 나와라 그럼 나와서 / 이 자리다 하는
       거 계약만 하구 / 그 뒤는 다 나한테 맡기라구. (경란 들어온
       다) 인테리어구 뭐구 알어서 싹 다 꾸며주구 / 고기 / 야채 사
       입 / 주방 애들 / 알어서 맞춰줄 테니까 형수님하구 번갈아 카
       운터 보면서…

경란   (술병 들고 쭈그리고 앉으며 O.L의 기분) 오빠 장사할라구?
       (놀라운 건 아니고 하기는 할 건가)

경택   (술병 하나 빼서 따면서) 돈까스 하라구 누나. 내가 노하우가
       있잖우. 꽉꽉 밀어줄 테니까 용기를 내요.

경란   그거 괜찮을 거야 오빠. 경택이하구 얘기했었어. 나는 하구 싶
       어두 밑천 없어 못하지만 오빠네는…

경환   (O.L) 술 따러.

경택	(따라주면서) 어뗘우? (경환 마시는) … (보다가) 음식 장사가 그래두 승부가 제일 빨라요. 딴 거 없거든. 몫하구 맛이면 땡이 야. 내가 안 해본 거 있수? 별 지랄 다하다가 결국 돈까스루 일 어서구 있잖우.
경란	아부지 땅 팔아 올려서. 너 그 빚은 언제 갚을 건데.
경택	지금 그 얘기는 왜 해.
경란	너 갚는다구 했잖아. (그런데 왜 안 갚어)
경택	아 갚어. 아부지 그건 꼭 갚을 거니까 걱정 마세요.
경란	이자는 꼬박꼬박 내구 있니?
경택	말씀 좀 하세요오.
아버지	꼬박꼬박 와.
경택	아, 누나 나가 나가. 남 중요한 얘기하는데 칫.
경서	(여태 상 내려다보며 우두커니 있다가 형 보며 O.L의 기분 / 약간 풀어진 상태) 내 생각에두 작은형 말이 최선인 거 같아요. 넥타이 매구 지점장까지 하다가 음식장사 노동이 웬 말이냐 하 겠지만 말유 / 까짓 상관하지 말아요. 세상이 바뀌었어요. 멀쩡 한 집 멀쩡한 자식들이 무슨 카페다 퓨전 레스토랑, 이태리 레 스토랑 숱하게 차리구 돈 버는 거 모르세요? 돈까스 뭐 어때 요? 손님만 끌면 되는 거지. 안 그래요? 누나?
경란	괜찮지이. 괜찮을 거야 이미…
경환	…
경택	육 개월만 고생하면 돼요 육 개월만 어금니 꽈악 물구 기다리 면 칠 개월째부터는 내 말 듣기 잘했다 하게 만들어주께요. 자

신있어. 고기가 죽이거든. 돈까스라구 다 돈까스가 아니라구.

경환 … (술상만 내려다보면서)

경서 형수님이 싫다구 해서요?

경란 ? … 뭐를?

경서 음식장사 싫다구 하신대요.

경택 (비운 경서 잔에 술 따르며) ? 나 원, 지금 찬밥 더운밥 (하는데)

경란 (O.L) 고상 떨구 있네. 귀천 어딨어어? 몸은 좀 고되겠지만 지점장 월급보다 휠 날 텐데에.

경택 낫기만. 꿩 잡는 게 매지 고상이 밥 먹여줘요?

경서 (훌쩍 마시고 내리면서) 아아아아 다 시끄럽구 형님이 결심하면 돼요 까짓. 형이 나는 이걸 하겠다 그러면 고상한 형수 / 싫어두 따라와야지 별수 있어요? (술병 집어 제 잔에 따른다) 돈까스를 하든 돼지까스를 하든 암튼 빨리빨리 시작해요. 그러구 죽치구 집에만 처박혀 있다가는 진짜 형 폐인 되구 말어요. (또 훌쩍 마시고 내리며) 폐인이 별거예요? 처박혀서 친구 안 만나 혼자 야금야금 술이나 마셔 / 말수 줄어들어 그게 바루 폐인 되는 첫걸음이라구요. (다시 따르며) 우리 집에서 폐인 나오는 거 나 못 견뎌요. 그러니까 아무거나 해요 아무거나. 형제 중에 폐인이 있으면 그거 보통 (술잔 집으며) 골 아픈 일 아니에요.

아버지 경서 천천히 햐. (O.L의 기분)

경서 ? (술잔 들다가) 저… 몇 잔 안 마셨어요.

아버지 아들눔들 술 버얼겋게 올라서 지내는 제사 니 엄마 좋다구 안 햐. 끝내구 마셔.

경택	예, 알었슈 아부지. (경서 술잔 빼내 제 앞에 놓으며) 쉬었다 마셔.
경서	아, 별루 안 마셨다니까요.
경택	그러니까 형 (하는데)
경환	(경택 앞의 술잔 집어 훌쩍 마신다)
경택	?
경서	하하 형 내 건데 벌써 취했어요? 하하…
경란	(경환 술잔 빼 치우면서) 오빠두 경서두 그만 줘. (나머지 술병 집어들고 일어나면서) 너 혼자 그것만 비우구 말어.
경택	아 왜 그래애. 이거 벌써 다 먹었어. (아주 조금 남은 술병 들어 보이며)
경서	어이 누나. 누나. (경란 술병 뺏으려 하며)
경란	(O.L) 오빠 술 먹는 거 언니 싫대. 저녁들 안 먹어서 속 비었어. 너 벌써 약간 갔어.
경서	나요? 허허… (말도 안 된다)
경란	너만 말짱해 어떻게?
경택	얘기하느라 못 마셨지이.
경란	아부지 애들 야단 한 번 더 쳐유.
아버지	그만들 햐. (밥 다 쳤다 / 그릇 밀어내면서) 몇 시여?
경서	아직 일곱 시밖에 인 됐어요. (시계 보며 / 경택도 같이 쌀눅시계 보는)
아버지	경주가 어째 안 와.
경란	어딘지 알어보께요. (하고 나가다가 문득 되돌아서 경택의 모

자 쳐서 훌렁 벗기며) 아이구 답답햐 아이구 답답햐.

경택   (질색) 아 왜 그래애. 남에 뚜껑을… (얼른 집어서 도로 쓰는)

경란   잠자면서두 모자 쓰구 자는 눔 천지에 하날 꺼다.

경택   이거 읍으면 고추 내놓구 있는 거 같단 말여,

경서   하하하하하.

경란   니 고추는 장바구리에 달렸냐?

경택   아 나가 빨리. 남 중요한 얘기 하는데 괜히 끼어들어와서는…

경란   (흘기며 나간다)

S# 4 주방

경란   (주방으로)

인애   (사인용 식탁에 앉아 조용히 커피 마시고 있고)

혜자   (치우고 있고)

경란   (소주병 냉장고에 넣고 거실 전화 있는 곳으로) … (핸드폰 돌리는)

        (F) 벨 가는 소리.

경주   (F) 네에 한경줍니다.

경란   네에 한경란입니다.

경주   (F) (조금 웃는 소리) 알었어 언니 이십 분.

경란   다 왔구나.

경주   (F) 어엉.

경란   빨리 와, 아부지 기다리셔.

경주   (F) 알았어.

경란	(끊고 안방으로 가 문 열고 고개만 디밀고) 경주 다 왔대요 아부지.
아버지	(E) 그려… (문 열려 있는 동안 경택 얘기하는 소리 들렸다가)
경란	(문 닫고 주방으로 / 밥솥 뚜껑 열고 담가넣은 쌀 집어넣고 물 맞추는데)
인애	얼마나 마셨어요?
경란	? … 별루 안 마셨어요. (솥뚜껑 닫고) 물 볼 거 없어. 내가 봤어. (스위치는 넣지 말 것)
혜자	네에.
경란	(가스 쿠커 위에 있는 주전자 구멍에 불 켜면서) 술 좀 먹는다구 너무 싫은 얼굴 하지 말아요… 싫어싫어 하면 역심나서 더 마시게 돼요… (마주 앉으면서) 그게 남자 오기 아니겠수? (감정 난 건 아니지만 좋지도 않다)
인애	술 안 먹구 말짱한 날… 한 달에 며칠 안 돼요.
경란	… (보다가) 워낙에두 활달한 사람은 아닌 데다 하루아침에 날개 부러져 그러구 있는데 술 먹구 싶지 왜 안 먹구 싶겠어요. (이해 좀 해주구려)
인애	이해할 한계를 넘었어요. 좀 훌쩍 나가서 (경란 보며) 친구두 만나구 선후배두 만나구 / 어떻게든 발전적인 쪽으루 좀 움직이면시 지내면 좀 좋아요? … 집에만 처박혀서 하루 송일 홀짝홀짝… 깰 만하면 또 마시구 깰 만하면 마시구…… (외면하며) 이틀 돌이 냉장고 뒤지구 장롱 뒤지구 / 음식이 썩는다느니 옷이 좀먹는다느니… 있는 잔소리 없는 잔소리… 나두 어려워요.

이루 다 말루 할 수가 없어요…

경란   … (보다가) 어렵겠죠오… 어려울 거예요… 그렇지만 이해해 야지 어떡해요.

인애   (고개 옆으로 돌리며 / 얘기하기도 싫다)

혜자   (주전자의 끓는 물 들고 와 같이 들고 온 커피잔에 물 부어 저 으며 눈치 보며) 남자가 갑자기 퇴직하구 실업자 되면 성격이 변하나부더라구요. 괜히 벌컥벌컥 화만 내는 사람두 있구 우울 증으루 자살기도하는 사람두 있구 아예 행방불명되는 사람두 있대요.

경택   (문 열고) 야, 술 한 병 갖구와.

경란   (좀 올라서) 그만해. 술 없어.

경택   아 딱 한 병만 줘 /

경란   없어 글쎄. 말 들어. 문 닫어.

경택   어어이 시 (하며 문 닫는)

경란   …… (경택 족으로 돌렸던 고개 틀어 인애 보면)

인애   (일어나서 찻잔 싱크대로 가져 가 씻는다 / 혜자는 제법 부지 런히 치우는 중) …

경란   (한 모금 마시고 내리면서) 평생 은행하구 집밖에 모르던 사람 이잖아요. 원래 사교적인 성격두 아니구 적응되는 데 좀 오래 걸리는 걸 거예요.

인애   …

경란   (좀 가볍자고) 아 나가서 이 친구 저 친구 물색없이 펑펑 쓰면 서 취해 들어오는 거보단 집에서 먹는 게 낫겠네요 뭐.

경서   (안방에서 변소 가려고 나와 움직이는데 연결)

경란   (F) 그리구 하루 종일 혼자 술만 먹는 거 아니구 이 구석 저 구
       석 청소두 하구 옷장정리두 하구 그러는 모양입니다. (경서 멈
       추고 듣는 / 시선은 바닥으로 / 고개는 약간 삐닥해져서)

S# 5 주방

경란   도움되구 좋지요 뭐… 먼지 하나 없이 집 깨끗하드구만. 솔직
       히 그 집 뭐 그렇게 깨끗하던 집이유? 언니 뭐 잘 치우구 사는
       사람 아니잖어요.

인애   (싱크대 앞에서 행주 집어 손에 물기 닦으며) 나는 이상한 결
       벽증은 없어요. 사는 데 불편 없으면 되는 거지 호벼파면서까
       지 그런 데 시간낭비하면서 살구 싶진 않아요.

경란   (안 보는 채 차 마시며) 솔직히 말해서 그 집 어수선했어요…
       그동안은 오빠가 그냥 포기해버리구 산 거지, 그 스트레스두
       보통 아니었을 거예요. 그러다 일 없이 쉬니까 자기가 대신 들
       어서 쓸구 닦구 치우구 소일하는 건데 잔소리 좀 하면 어때요.
       들어줘요.

인애   얼마나 무능하면 보자는 사람두 딱 끊어지구 자리 있다구 나오
       라는 데 한 군데 없이 저러구 있어요…

경란   ? … (보며 좀 뒤들리기 시삭한다)

인애   친구들 보기두 자존심 상하구 친정에두 들 낯이 없어요.

경란   …… (보며)

인애   그것두 좋아요. 능력 없어 불러주는 데 없는 거까지두 좋아요.

스트레스나 주지 말아야죠오오.

경란 … (보며)

인애 커어다란 사람 스물네 시간 집에 있는 거만으루두 벌써 스트레
     슨데 술내 풍기면서 흔들흔들… 알어듣지두 못하는 소리 혼자
     중얼중얼 / … 얼마나 보기 싫은지 안 겪는 사람 몰라요. (하는
     데)

경서 (E) 어이 씨이.

경란 ?

혜자 ?

인애 ?

경서 (E) 그러니까 형을 왜 종일 혼자 둬요! (경란 벌떡 일어나 소
     리 나는 쪽으로) 형수님은 뭐 하구 다니느라

S# 6 거실

경서 날마다 집 비우구 없구 우리 형님 혼자 집에 처박아두냐구요!

경란 (달라붙으며) 애가 왜 이래.

경서 형님이 집에 있으면 형수두 같이 있어야잖아 이거!!

S# 7 안방

아버지·경택 (이미 ? 하고 있는 상태)

경환 … (그저 방문 보고)

경란 (E) 애 취했네. 애 취했어.

경서 (E) (상관없다) 형님이 집에 있는데 저 아주머니는 무슨 사무

가 바빠서 밤낮 집 비우구 없냐구!! (경택 일어나고)

S# 8 거실

경란 (끌며) 들어가 들어가.

경서 나 그거 불만야. 엄청 불만이라구우우!!

경란 이놈아, 너 취했어. 들어가자구우우우. (발 구르듯)

경택 (나오며 이 자식 술버릇은 정말)

경서 (아무 상관 없다) 어쩌다 전화하면 항상 / 항상 형 혼자 있어. 형수 어디 갔냐 / 헬스 갔대. 옘병할 그눔으 헬스는 그렇게 죽 어두 날마다 가야 하는 거야?

경란 (경서 때리면서) 들어가 들어가.

경서 그 빌어먹을 헬스는 하루 왼종일 해? 아침부터 저녁까지 하루 왼종일 하냐구우.

경란 (소리 죽여) 아 원래 집에 안 있던 사람이잖아아. (질색을 하 겠는)

경서 뭐 돈 벌러 다녀요? 돈 벌러 다니느라 집에 없어요?

경택 (경택 등 가볍게 밀면서) 왜 이래 시끄럽게.

경서 옘병할 평생 뼈빠지게 벌어먹여 살려놓구 큰형 같은 대우 받으 려면 장갈 왜 가.

경택 (경서 대사 대우 받으려면서 O.L / 이번에는 엎어질 뻔할 정 도로 퍽 밀면서) 이 자식이 어디서 건주정야 건주정이!

경란 (질색) 아 애 다쳐어. 왜 그래애.

경택 (경서 끌고 남자들 방 쪽으로) 들어와 들어와 빨리.

경서   형이 챙피하대요. 무능해서 챙피하대애.

경택   들어가아! (방으로 밀어넣고 꽈앙)

경란   (그 방 보며) … (이갈듯 하고 있다가) 수상하더라 수상해… 어
        이그 어이그으으으… (주방으로 돌아서는데)

S# 9 안방

아버지   …… (우두커니) …

경환   (우두커니) ……

아버지   …… (그대로 있다가 가만히 시선 들어 아들 보는) ……

경환   …… (가만히) …

아버지   …… (한참 더 보다가 외면하는) ……

경환   … (그대로) ……

S# 10 남자들 방

경택   …… (경서 보며) …

경서   … (방바닥 보며) …

S# 11 주방

혜자   (한 옆에 제기들 꺼내 쌓으면서… 가볍게 행주질 하면서) …

경란   (물 벌컥벌컥 마시고 컵 놓고 다른 컵과 물병 챙기면서) 과했
        다 하면 누구든 찍자 한번 붙어야 하는 녀석… 이해하슈. (하고
        움직이고)

인애   (의자에 앉아서) ……

S# 12 거실

경란　(움직여 남자들 방으로)

S# 13 남자들 방

경란　(들어와 쟁반 놓고 앉아 물 따라주면서) 못 들은 척 넘어가지 어이그으으…

경서　…

경택　물 먹어. (퉁명)

경서　……

경란　빨리 먹구 깨애… 깨야 제사 모실 거 아냐.

경서　(받아서 물잔 비우고 내리고 방바닥 보며) ……

경란　(경서 보며) 어디서부터 들었니?

경택　지금 그게 중요해?

경란　? (경택 보고)

경택　안 그래두 우리 집안 우습게 아는 거 기본인데 콩가루 집안 소리까지 듣게 생겼다. (경서 보며) 어디 주정할 데가 없어 형수한테 해 인마.

경란　맞어.

경서　…

경택　차라리 나나 형한테 하지. 우리는 형제니까 상관없지만 너…

경서　(별안간 주먹으로 방바닥 내리치면서) 혀엉! (울부짖듯)

경란　(펄쩍) 아이구 얘애… (얼른 방석 하나 끌어다 놔주면서) 손 다쳐 수술 못할려구 그래? 여기다 해.

경서	(방석 내리치면서) 누나아!
경란	그래 물 좀 더 먹어. (따르며) 더 먹어 응?
경서	(내미는 컵 팔로 밀어버리면서) 나 정말 큰형 말… 두 못하게 속상해애애애. (우는) … 말두 못하게 속상해애. 너무너무 속상하다구우.
경택	(휴지통 밀어주면서) 이하 동문야 인마 /
경란	마찬가지지 그럼.
경서	(휴지 뽑으면서) 큰형 불쌍해요. 말두 못하게 불쌍한 사람이야아. (한숨과 억장 무너지는 것 몰아 후우우우 내뿜으며 코풀고 / 휴지 아무렇게나 던지며) 삼십 년을 산 부분데 그래… 이날까지 헬스루 쇼핑센터루 문화생활루 / 자기 하구 싶은 대루 하구 살았으면 형 저러구 있는데 그만 집에 좀 들어앉아 둘이 같이 있으면 안 되는 거유? (둘 보며 슬프다)
경란	누가 아니라니…
경서	식구 아아아무두 없이 형 혼자 뭐 해. 걸레 빨어 마루나 닦구 있지 뭐 하냐구. 그러구 있다보면 한심해서 술 먹게 되는 건 당연한 거구 / 안 그루?
경란	후우우우 그려. (외면하면서)
경서	부부라는 게 뭐유. 작은형 부부라는 게 뭐라구 생각해요. 좋을 때만 부부구 나쁠 때는 남보다두 못한 게 부부유? 작은형은 느끼구 있수? 형수 형 대하는 태도가 달라진 거 알어요?
경택	(외면한 채) 바람 잡지 마 인마. 내가 터지면 수습 못해.
경서	(새삼스레 버럭) 아 집에 좀 붙어 있으면서 형하구 같이 보내

면 좋잖아요. 우리 형을 왜 저렇게 불쌍하게 만들어놓냐 말야 아아.

경란   마음이 없어서 그래 마음이… 마음이 있어야 하루아침에 참 이 남자 얼마나 황당하구 기가 막힐까아, 참 평생 참 고지식하게 한길에서 성실했는데 명퇴루 마감하다니 / 내 남편 참 안됐구 측은하다… 그러는 건데… 원래 찬 사람이잖아.

경서   작은형은 형수 믿어요?

경택   ? …

경란   ? … (경서 보는)

경서   작은형수는 어려워져두 형 잘 봐줄 거 같아요?

경택   글쎄… 우리야 워낙 둘이 어려운 고비 여러 번 넘었으니까 뭐. 그런데 모르겠다… 살 만해지면서 저 여자두 옛날 김혜자는 아닌 거 같아. (누나 보며) 좀 변한 거 같지 않우? 저렇게까지 극성맞지는 않았었거든?

경란   니가 너무 좋아좋아해서 그래 이 빙충아.

경택   뭘 좋아좋아 / 죽구 못사는 건 저지. 그러니까 쥐어터져두 찍찍 소리 안 하구 살지.

경란   (흘기며) 그것두 자랑이다 그래.

경택   얘 비개 줘요. 한 삼십 분이라두 자구 일어나게.

경란   (베개 갖다놓자)

경서   (피시시 옆으로 누으며) 어어이 씨이이 부부가 뭐유 부부가. 부부가 뭐냐구!

경택   정 가면 웬수가 부부다.

경서   큰형은 작은형이 책임져요.

경택   (벌써 일어나면서) 알었어 책임지께. 너는 술이나 깨…

경란   (가볍게 덮을 것 챙기는)

S# 14 거실 주방

경택   (나와서 주방 쪽으로) …

혜자   (행주질한 제기 크기대로 정리하고 있다가 본다)

경택   형수님은?

혜자   (고개 틀면서 입만으로) 방에.

경택   … (잠깐 어째야 하나 생각하고 돌아서며) 상 치워.

혜자   ? 갖다줘어.

경택   (픽 돌아서며) 시익 / (눈 부라리며) 서방을 뛸루 보는 거야 너.

혜자   어이구 알았어… 괜히 그래. (안방으로)

경택   (아내 돌아보는 한편)

경란   (남자들 방에서 나오는데) …

S# 15 집 전경 / 밤 (잠시 두었다가)

S# 16 거실

아버지   (아버지 서서 보고 있고)

경택·경환 (제대로 된 병풍 펴놓고 마른걸레로 먼지 닦고 있다) …… 이
        건 언제 봐두 좋더라. 우리 집에 물건 같은 거 하나 있어요 엉?

아버지   나두 마음에 들어.

경란   (저쪽에서 옻칠 제사상 행주질하면서) 대물려두 돼요 그건 아
     부지.

아버지 그려.

경란   제기랑 제상두 바꿔놓길 잘했지. 얼마나 이쁘구 깨끗해. 밤낮
     새거잖아. 돈이 좋긴 좋은 거야.

혜자   흐흣, 돈보다 더 좋은 게 어딨어요 형님.

경란   이거 보게 나 돈 좋다는 거하구 수미 엄마 좋다는 건 의미가 다
     르네 엉?

혜자   그게 그거지 다르긴 뭐가 달라요. 우후후후후.

     병풍 펴지고.

아버지 상 들어다 놔.

경택   예.

두 남자 (상 들어다 병풍 앞에 놓고)

경택   이걸루는 모자라잖어.

경란   이거 갖구 가야지이. (밀어주는 네모난 밥상)

경택   (밥상 갖다 큰상 옆에 붙이면서) 금방 온다는 애 왜 안 와. 어디
     쯤 온다 그랬는데?

경란   몰라, 이십 분 / 그랬는데에?

경택   (담뱃갑 꺼내면서 현관으로) 삼십 분두 넘었겠다… 성진이는
     왜 인 오구 있구.

경란   아직 시간 있어. (아버지는 방으로, 경환도 슬그머니 경택 따라
     움직이는데)

경란   오빠.

경환	? (돌아본다)
경란	(옆에 와서) 좀 들어가봐.
경환	뭘.
경란	언니한테에에…
경환	(그냥 움직이려)
경란	(잡으며) 어쨌거나 기분 상했을 거 아냐… 수미 엄마 있는데 민망하기두 할 거구. 응?
경환	놔둬. (또 나가려)
경란	(또 잡으며) 들어가서 달래 갖구 데리구 나와아아. (소리는 죽여서) 사람이 다 지 잘못은 없는 거야. 그게 인간이라는 동물야. 분해 죽을 거란 말야 시방. 오빠가 달래야지 누가 달래.
경환	달랠 건덕지두 없구 달래구 싶지두 않아. 놔둬. (하고 나간다)
경란	… (별수 없이 보다가) 세수들 안 해? (그냥 나가고 나서) 아이구, 나두 모르겠다. 골 아퍼. 맘대루 하라 그래… 나 세수하구 나오께.
혜자	네, 그담에 저 씻을께요오.

S# 17 마당

경환	(나와서 담배 피고 있는 경택 옆에 서는 것과 동시에)
경택	(담뱃갑 준다)
경환	(뽑아 물고)
경택	(불 붙여주고)
경환	… (푸우우우우)

경택	(푸우우우우우) 우리끼리는 늘 말해요… 형수가 해두 너무하는 거 아니냐구.
경환	(담배 태우면서) 생긴 대루 살다 죽는 거야아…
경택	왜 그렇게 처량맞게 살아요… 몇십 년 먹여살렸는데 제때 밥두 못 얻어먹어요? 그만 돌아다니구 집에 좀 있으라구 해요. 그거 하나 마음대루 못해?
경환	너두 더 살어봐… 그게 / 우러나서 스스루 돼야 하는 거지… 우러나질 않는데 어떻게 해… 돌아다니는 건 포기하구 산 지 오랜데 뭐. 전에는 붙어 있던 사람이냐?
경택	전에는 어쨌든 지금 형 놀잖아요. 그럼 옆에서 같이 시간 보내면서 밥두 챙겨주구 같이 부부가 할 수 있는 / 그동안 못하구 살았던 구수운한 대화두 조용조용 나누구 그럼 좋잖아요.
경환	상대두 안 해애… 짜증부터 피는데 뭐…
경택	?
경환	돌아다니거나 말거나… 상관없어. 혼자 있는 게 차라리 나두 편해. 피차 좋을 대루 하는 거야.
경택	외롭잖아아아.
경환	흐응… 자기가 더 외롭다는데 뭐.
경택	(옆눈으로 보는 / 말도 안 되는 소리) … (보다가 고개 돌리며) 나 같으면 애초에 길두 그렇게 안 들였을 뿐만 아니라 가만 안 둬요. 우습게 알어두 분수가 있지 형 혼자 처박어두구… (말을 더 못 잇고)
경환	무용지물 그래두 / 쓰레기차에 실어 안 보내는 게 다행이다

야…

경택　아 두말할 거 없어요. 가게 열자구 가게. 형수 싫다면 빠지라구
　　　해요. 형하구 나하구 합시다. 사람이야 돈 주구 쓰면 돼 까짓.
　　　어려울 거 하나두 없어. 돈 벌어서 형 골프두 계속 치구 하구
　　　싶은 거 다하면서 신나게 살아요. (보며)

경환　…… (앞의 어둠 보며)

경택　에?

경환　의욕 없어어어.

경택　아 의욕이 없으면 (하는데)

　　　라이트 컨 자동차 한 대 들어와 선다.

경택　(그쪽 돌아보며) 경주 오네. (그쪽으로 움직이며) 야 니 이십
　　　분은 왜 이리 긴 (에서 멈춘다) ?

　　　차에서 내리는 틀이 여자가 아니다.

경택　누구세요?

무길　(운전석에서 돌아 나오며) 어… 나 진이 애비야 작은처남.

경환　?

경택　? … 아니 (무길 쪽으로) 매형이란 말예요?

무길　어 나야… 형님, 면목 없는 눔 왔습니다. 형님이시지?

경택　예. (형 돌아보며) 매형 오셨네 형… (손 내밀며) 이게 도대체
　　　을마 만이유 응? 우리 엄마 장례 때 보구 첨 아뉴 매형.

무길　(손 잡으며) 만 삼 년째지… 허허.

경택　그동안 어디서 어떻게 뭐 하구 지냈어요 그래? 어째 사람이 전
　　　화 한 통 없이… 누나하구야 어떻든 그럴 수가 있는 거예요 예?

무길	면목이 없으니까아. 족제비두 낯이 있지 연락을 어떻게 해애.
경택	어두워 잘은 모르겠는데 신수는 괜찮은 거 같수?
무길	살 만해. 손 끊었거든…
경택	혀엉, 매형이라니까?
경환	(담배 던지면서) 귀 안 먹었어.
무길	(벌써 경환 앞으로 움직여 꾸벅하면서) 소식은 들었어요. 많이 힘드시지요.
경환	(손 내밀며) 소식을 어디서 들어.
무길	(잡으며) 다 듣는 수가 있지요 하하.
경환	(O.L의 기분) 그런데 여긴 웬 일야.
무길	장모님 제사 모시는 날이잖아요. 금년따라 자꾸 마음이 쓰여서… 반가워 안 하시겠지만 제사 참석 좀… 하구 싶어서요. 아버님께 정식으루 사죄두 드리구… 안 된다구 하시겠지요? …
경환	…… (경택 본다)
경택	…… (형 보다가) 아버지보다 누나가 어떻게 나오는가가 관건 아니겠수? (에서)

S# 18 거실

경란	(세수하고 나왔다. 수건으로 머리 싸 올리고 세수하고 걸레 든 김에 나와 수저앉아 걸레질 하는 숭이다)
경택	(들어오다가 누나 보고 괜히 조금 살금거리는 걸음걸이가 돼서 누나 등 뒤로 해서 안방 쪽으로)
경란	? (문득 보고) 쥐 잡니?

경택	? … 엉?
경란	왜 까치발은 들구 그랴?
경택	내가 언제.
경란	오빠는 안 들어오구 뭐 해…
경택	담배 펴요 들어올겨.
경란	(걸레 들고 일어나 걸레 보며) 우리 아부지 깔끔하신 거 좀 봐라. 닦을 게 없네.
혜자	(앞 스치면서) 저 씻어요.
경란	이거 갖구 가 빨어. (걸레 주고)
혜자	(받아 들고 욕실로)
경란	(한편 여자들 방으로)
경택	(안방으로)

S# 19 안방

아버지	(양말 갈아 신으려고 뭉친 양말 풀고 있는데 / 자식들 선물로 보이는 꾸러미 방 한쪽에 놓아둬 주시구요)
경택	(들어오면서) 저기요 아부지 (톤 낮춰서) 아부지… 매, 매형에 대해서 어떻게 생각하세요.
아버지	?
경택	진이 아버지요. 노름쟁이 매형 말이에요오.
아버지	(신으며) 불쌍한 눔으루 생각햐.
경택	예에. 불쌍하지요… 그런데 그 불쌍한 눔 / 아니 불쌍한 매형이 / … 왔어요 아부지.

아버지	? …… (머엉하니 보는) …
경택	손 끊구 정신 차렸대요. 정신 차리구 보니까 자기가 한 짓이 아마 많이 후회되나봐요… 엄마 제사… 참석두 할 겸 아부지한테 사죄두 드릴 겸 왔다는데요.
아버지	…… 니 누이는 뭐랴.
경택	누이 아직 몰라요… 누이가 들여노라 그러겠어요? 생난릴 필텐데…
아버지	…… 그래서 어디 있는데.
경택	밖에… 큰형하구 얘기하구 있어요.
아버지	……
경택	…… (아버지 보는)
아버지	…… (한 화면에서)
경택	… 손 털었대요. 거지꼴은 아닌 거 같아요…
아버지	들어오라구 해.
경택	… 누나는 아버지가 책임지실꺄?
아버지	들어오랴.
경란택	… 야아 …

S# 20 거실

경택	(나와 사방 살피면서 현관 쪽으로)

S# 21 여자들 방

경란	(밑화장 하면서 / 골동품 거울 앞에 놓고) 술 깨면 사과할 거예

요… 팔이 안으루 굽는다구 형제들이니까 그냥 / 오빠한테 더 좀 신경 좀 써주면 얼마나 좋을까 그런 맘에서 그러는 거예요.

인애   … (두 무릎 아래 두 손 찌르고 고개 틀고 앉아서)

경란   나만 해두 같은 여자 입장에서 꽁생원 오빠하구 사는 언니 힘든 거 반짐작은 하지만 / (아예 화장하던 손 내리고 돌아보면서) 우리끼리 말이지만 오빠가 답답은 하잖어요. 이건 무슨 남자다운 박력이 있길 한가 분위기가 있기를 한가… 하나 하면 하나밖에 모르는 사람하구 살기 / 언니두 엄청 갑갑했을 거예요. 더구나 언니같이 화려한 성격에.

인애   ? (돌아보며) 내가 뭐가 화려해요?

경란   그만하면 화려하지 아니에요? 월급쟁이 마누라가 곧 죽어두 메이커만 입구 살았으면 오빠두 할 만큼은 한 거네요.

인애   메이커 입기 시작한 게 얼마나 됐다구 그런 소리 해요. 시집 온 날부터 작은서방님 작은아가씨 등록금에 하숙비에 / 지금 아파트 차구 앉은 게 이제 겨우 육 년째예요. (하다가 새삼) 아니 고모두 우리 신세 안 졌다구는 말 못할 처진데 말을 어떻게 그렇게 해요오?

경란   장남이 아우들 치다꺼리 당연한 일 아니유?

인애   당연한 게 어딨어요. 성진 아빠가 무슨 소년 가장이었어요?

경란   체신공무원 월급 뻔하잖아요. 아버지 대신 맏이가 동생들 학비 좀 댔기로소니 뭘 그렇게 생색내구 그래요. 난 쥐뿔두 받은 거 두 없지만서두.

인애   (어처구니없이 보는) … (없다는 거 봐)

경란   (한 화면에서) 그리구 언니가 댔수? 왜 언니가 생색이에요?

인애   나 오빠 안사람이에요. 오빠 월급에서 나간 거는 내 꺼 나간 거
        구 오빠가 진 빚은 내 빚이기두 한 거예요… 왜 저렇게 불안초
        조 설렁탕두 못 먹구 다니는데요. 퇴직금 말구 손에 쥔 게 너무
        없어서 겁이나 그러는 거라구요. 오빠 불쌍한 사람이에요.

경란   ? (입 딱 벌리는) … (우리 때매란 말야? 불쌍한 게 뭔지 알기
        나 해?) … (보다가) 그만둡시다. 더 계속하다가는 감정만 더
        상하겠수. 그만두자구요…

인애   ……

경란   (대충 머리 픽픽 손질하고 불끈 일어나 나간다)

S# 22 주방 거실

경란   (나오면서 쭝얼거리는) 콧구멍 막혀 귓구멍으루 숨 쉬게 생겼
        네. 돈 좀 부서졌으면 그래 뭐, 이 땅 다 누구 차진데.

혜자   (혼자 앉아 족발 뜯다가) 아버님 땅 파신대요?

경란   (안방으로 움직이면서) 자다 봉창 뜯지 마. 팔긴 뭘 팔어. 불쌍
        해? 불쌍한 거 아는 사람이 서방 알기를 개털루 알어? 애들은
        왜 안 오구…

혜자   ? …… (뜯으며 땅 소리 한 거 아닌가?)

S# 23 안방

경란   (문 픽 열면서) 속 썩여어… (하다가) ??? …

무길   (아버지 경환, 경택과 앉아 있다가 올려다보며) 진이 엄마 나

왔어…

경란 (말이 안 나와서 입이 뜨끔뜨끔 벌어지면서/붕어처럼) … 아니… 아니… 아니 여기가 어디라구 들어와 앉었있는 거야 저 화사아앙아앙?

경택 엄마 제사 모시러 왔대요.

경란 (O.L의 기분) 울 엄마 제사랑 당신이랑 무슨 상관인데에.

경환 (O.L) 아버지가 들어오라셨어. 조용히 넘어가.

경란 (풀석 쭈그리고 앉으면서) 아부지이. (강력하게)

경환 상관 따지지 마. 제사상에 절하러 왔다는데 하라면 돼.

경란 울 엄마가 왜 이 남자 절을 받냐구우. 울 엄마 속을 얼마나 썩여줬는데 누가 반갑단다구우.

아버지 (O.L / 조용히) 속은 썩였지만 그래두 죽는 날까지 못내 안타까워했어. 그라지 말어.

경란 … (아버지 보다가 안 되겠다 남편 팔 잡아 일으키려 하면서) 일어나요. 나가서 나하구 얘기합시다. (안 일어나려고 버둥거리며 경택 잡는 무길) 일어나 일어나아아!

경택 아 난리칠 거 뭐 있어. 절만 하구 가겠다는데!

경란 오늘은 절만 하구 가구 다음에는 뭐할 건데. 알지두 못하구 그래 진짜… 밀구 들어와 앉을라구 그런다구… 벌써써 반 년째 치근덕거리구 다니는 거란 말야.

경택 ? … 뭐 누나 오늘 첨 보는 거 아뉴 그럼?

무길 아냐, 가끔 만나구 지냈어.

경택 ?

경환	가끔?
무길	예. 보름에 한 번꼴은 만나서 밥두 먹구 영화두 보구… (경란 황당해 미치겠고)
경란	여보오!
무길	(씨익 웃는) 그래 알었어. 더 말 안 하게.
경란	(다시 잡아끌며) 나가 빨리 나가 나가.
경환	니가 나가… 만나서 밥 먹구 영화 보구 다닌다면서 펄펄 뛸 게 뭐 있어.
경택	글쎄 말유.
경란	안 만나주는 못 배기게 난릴 치는데 그럼 어떡해 / 동네 남 부끄러 몇 번 나가줬더니 아주 떴다 봤다 (남편 보며) 밥 다 된 줄 알구 그라는 거지? 숟가락 들구 퍼먹기만 하면 될 거 같어서?
무길	밥은 벌써 먹는데 뭐. (중얼거리듯)
경란	?? (더 황당 / 무길 어깨 픽 갈긴다)
경택·경환	? (서로 보고)
아버지	… (묵묵히)
경란	이 인간이 진짜아?
무길	무안하니까 괜히 이래요 장인어른… 저 정신 차린 거두 알구 / 인성하구 살 대해줘요… 난지 앞으루를 못 빌어서 이러는데… 그거야 뭐 시간이 지나면서 믿게 될 거구, 저 정말 화투장 안 쥔 지 일 년이 넘었어요. 우리 어머니… (머뭇머뭇 어렵게) 노 농약 잡숫구 넘어가시는데… 내가 죽일 놈이구나… 정신이 번

쩍 들더라구요. 다행히 돌아가시지는 않았지만 지금두 속을 버려서 고생하세요.

경란   말은 번드르르 나는 약 안 먹어서? … 연탄불 펴놓구 거품 안 뿜어서?

무길   그러니까 내가 죽일 놈이라구우.

아버지   그래서 생업은 뭘 해서 먹구 사는겨.

경란   그런 거 물을 거 뭐 있어요 아부지.

아버지   거참 시끄러워 죽겠네. 너 애 좀 치워. 얘기를 할 수가 없잖어.

경란   (O.L의 기분) 뭘 해먹구 살든지 죽든지 그딴 거 물을 거두 알 거두 없어요 글쎄 아부지. (아버지 말에 일어나 끌어내리려는 경택 뿌리치면서) 나 이 사람 안 믿어요. 콩으루 메주 쑨대두 안 믿구 내 이름이 한경란이래두 안 믿어요. 그러니까 / 아 왜 이래래.

경택   말씀을 못하시겠다잖어.

경란   말씀하실 거 없다니까 정말?

아버지   (O.L 좀 화나서) 우리가 무길이 당장 받어들인댜? 우리가 받는다구 너 싫은데 살겨? 엄마 제사 참석하러 왔다니까 참석하구 가게 하면 되는 거 아녀. 진이 애빈데 진이 외할머니 제사에 참석 못할 건 뭐여.

경란   …

아버지   사람이… 속을 때 또 속더라두 진심으루 뉘우쳤다면 뉘우친 사람으루 받어주는 게 도린겨. 아무리 죽을죄를 진 죄인이래두 니 에미 제사 보러 왔다니까 나는 반갑구 고마워.

경란 (야단맞고 있다가 쭝얼쭝얼) 잔머리 도사 그거 노리구 온 건
      데 뭐.

경택 나가 나가. 일단 나가. (누나 등 밀어 나간다)

무길 (눈치 보고 있다가) 죄송합니다. 저 사람 잘못이 아니에요…
      저는 이 대접두 너무… 황송합니다.

경환 그래서 뭐 하구 사냐구.

무길 친구하구 영양보조식품 총판 / (하고는 저만큼 옆에 들고 들어
      온 큰 봉투 집어 아버지 앞에 내밀면서) 이거 아버님 좀 드셔
      보세요. 저녁에 주무시기 전에 한 봉씩만 드시면 그렇게 좋다
      네요. 표고버섯에서 추출한 엑기스를 과립으루 만든 건데… 이
      게 암두 고친대요… 값두 무지 비싼 거니까 신통찮게 생각 마
      시구 꼬박꼬박 드세요. 일주일만 드셔보시면 컨디션 달라진 거
      스스루 느끼실 수 있을 거예요…

아버지 그려 고마워. 먹어볼겨.

무길 예, 흐흐흐흐흐.

경환 외판 사원야 뭐야.

무길 아이 아니에요. 이 나이에… 영업 전반적인 일 하면서 / 세일즈
      사원 교육두 하구… 제가 원래 말이 좋기 때문에… 하하… 흐
      흐흐흐.

S# 24 거실

경란 (팔짱 끼고 소파에 앉아서)

경택 (옆에 앉아 옆으로 보며) …

혜자	(물 한 잔 갖다준다 / 눈치 보며)
경란	(받아서 벌컥벌컥 마시고 내리면서) 어이구우우우우 웬수. 증말…
경택	노름 버릇 빼면 나무랄 데 없잖아.
경란	나무랄 데 너머 없지이이. (그려 그래서)
경택	만나면… 돈은 누가 써. 매형이 써?
경란	밸 빠졌니? 돈까지 써가며 그 짓 하게…
경택	으응 돈은 매형이 쓰는구먼.
경란	매형 매형 하지 마 야. 누가 매형이야.
경택	… 외로웠수?
경란	? …
경택	남자 필요해?
경란	미친 녀석.
경서	(하품하며 나온다) 어이… (얼굴 쓱쓱 / 빈 상 보고) 뭐야? 끝난 거야? 나 빼놓구 한 거야?
경택	(일어나며) 시계 봐라. 시계는 장식이냐?
경서	(시계 보고) 어 아니구나. 깜박 졸았네… 어여 양치하구 씻어야지. (화장실로 움직이며) 애들은 왔어요?
경택	기다리는 애들은 안 오구 대신 매형이 오셨다.
경서	? (돌아보며) … 누가 와?
경택	매형,
경서	(누나 잠깐 보고) 우리한테 매형이 어딨어.
경택	(주방으로 움직이며) 전 매형… 전 매형 오셨다구 /

경서	? …
경택	(돌아서 보며) 아부지하구 기셔. 신수 휘언하다 야. (하고 주방으로)
경서	전 매형이 여길 무슨 볼일루 와.
경택	엄마 제사상에 절하러 왔대. (아내 엉덩이 스윽 만지면서 냉장고로)
혜자	뭐 줘요? (경택은 대꾸 없이 냉장고 열고 뭔가 지범거리고)
경서	뻔뻔스럽기는 / 우리 엄마 돌아가신 거에 반은 책임져야 할 사람이 염치없이 여기가 어디라구…
경란	(O.L) 아무리 미워두 야 그렇게 잡지는 마라. 수십 년 당뇨를 왜 허서방이 책임지니?
경서	속을 얼마나 썩여드렸는데에.
경택	(주방에서 뭔가 우물거리며 나오면서) 너 말 조심해애… 누나 / 매형하구 데이트 중이랜다.
경서	? …… 뭐라구요? (경란 보는데)
경란	(이미 불끈 일어나 남자들 방으로 가면서) 내가 미쳐 미쳐.
경서	뭘 해요?
경택	데이트… 너는 데이트두 모르냐? 거기다 아부지 대환영야. 초치지 말구 가만있어. (하는데)
경주	(들어오면서) 경주 왔습니다아아.
혜자	(주방에서 내다르며) 어서 오세요 아가씨… 저녁 어떡하셨어요?
경주	햄버거 반 개 먹었어요 / 괜찮아요. 작은오빠 / (아는 척)

경택	웰컴.
경주	셋째 오빠 술 먹구 깨는 중이구나. 얼굴이 말해. (안방 쪽으로)
경서	쪽집개다.
경택	술보다두 경서 전기 먹어 그래 /
경주	? 응? (안방으로 가다가 돌아보며 / 무슨 말?)
경택	들어가봐. 들어가보면 너두 전기 먹을 거다.
경주	(찡그리고) 아부지 방에 누전되는 데 있어?
경택	들어가보라구.
경주	아부지 경주 왔어요.
아버지	(E) 그려 들어와.

S# 25 안방

경주	(들어오면서) 일해놓구 오느라구 늦었 / … ? …
무길	<u>흐흐</u> 나야 처제…
경주	? … (오빠 보고 아버지 보고에서)

S# 26 집 전경 / 밤

S# 27 마루 주방

제상 가까운데 모든 제사음식 바구니들 다 나와 있고, 경란과 혜자 한 접시씩 담아 경택과 경환에게 넘기면 남자들 자리잡아 놓는 중이다. 인애는 밥 뜰 그릇과 탕그릇들 챙기고 있고 / 주방에서.

모두 정장.

아버지 … (보고 있는데)

경택 (과일이든 약과든 / 받아 옮기다가 미끈하면서 거의 엎을 뻔)

아버지 야야야야 니들 비켜. 허서방더러 하랴.

경환·경택 ?(서로 보고)

경서 ? (아버지 보는 / 세 아들 위에)

아버지 (E) 허서방이 잘햐… 허서방 시켜.

무길 (좋으면서 무안하고)

경란 아 왜 허서방이 해요. 아들들 두구.

경주 (옆에서 뭔가 하면서 언니 기색 보는)

아버지 허서방이 제격이야… 자네 나서.

무길 예 장인어른… (여자들한테서 받아 들어 옮긴다)

음식 받아 옮기는 솜씨가 상당히 유연하면서도 정중하다.

아버지 … (흡족한) …

사이.

경서 (형 쿡쿡 찔러 담배나 피고 오자는)

경환 (그냥 있으라는 눈짓) …

경서 … (보다가 김새서 남자들 방으로 가는)

아버지 어디 가.

경서 차릴려면 째 걸리잖어요. 성진이두 아직 안 왔구요.

아버지 그려… 허서방하구 채려노께 이따 나와.

경환, 경택 서로 보구 슬그머니 빠져서 경서 따라 방으로.

S# 28 남자들 방

경서 (들어와 창 열면서 기분 나빠서) ······ (들어오는 형들 돌아보며) 어떻게 삼 년 만에 나타난 사람 앞에서 우리를 꿰다논 보릿자루 세 자루야 이거.

경환 (쓰게 웃으며) 무길이가 제대루 하잖아.

경서 제대루가 별거예요?

경택 (담배 밀어 형한테 내밀며 O.L) 앉읍시다. 야 우선 앉어. (둘 앉는) 제사는 제사구 누나 문제에 대해서 우리 삼형제 의견 조율 좀 합시다.

경서 조율은 무슨 / 뭐 어떡하자구.

경란 데이트하구 있대잖어.

경서 밸두 없어 정말. 뭐 더 바라볼 희망이 있어 데이트야 데이트가…

경환 정이 남었으니까 그러는 거겠지.

경서 정이 아니라 주책인 거예요… 결혼하는 날부터 헤어지는 날까지 / (하다 말고) 다 아는 얘기 할 거 없구 / 아 두 번 다시 그 얼굴이 보구 싶어요? 난 도오저히 이해 못하겠어. 전셋집 그거 날리구 또 거리루 나앉구 싶대요?

경환 끊었대.

경서 끊어요? 도루 합치면 아마 강아지 한 자루에 뭉뚱거려 들구 나가 고스톱방 가 털어널걸요?

경택 아무리 설마…

경서 우리 집 식구는 이게 문제예요. 우리 한씨네 설마 설마에 누나 인생 이십 년 죽쑤게 했어요. 일찌감치 이삼 년에 못 살게 했어야 하는 건데…

경환   (O.L) 지가 헤질려구 들지를 않았지.

경서   헤지라구 강력하게 밀어붙인 사람은 있었구요.

경택   너 있었잖아.

경서   우리 식구들 맘에 안 들어요 정말.

경택   그럴 게 아니구 남녀는 너 / 나이 들수록 서로 필요한 존재야. 젊을 때보다 더 필요한 게 짝이란 말야… 아부지 보기 너 좋으니? 이 구석에서 홀로 얼마나 외롭구 쓸쓸하시겠냐 말야.

경서   차라리 아버지한테 마나님이나 한 분 얻어줘요.

경환   아버지가 하신대야 말이지.

경택   얘가 별종이라 뭘 몰라요. 별종이니까 마누라 애 딸려 유학 보내놓구 독수공방이 오 년이지. 어림이나 있는 소리야? 이놈은 신부 됐어야 하는 놈인가봐. 어떻게 그러구 살지? 난 그러구 사흘두 못 살어 야. 여자 생각 안 나? 뭐 해결하는 상대가 있는 거야 아니면 고장이 나버린 거야.

경서   (쓸데없는 소리한다는 반응 / 그런 말 자체가 무시되는)

경택   누나 조건을 보자… 나이 이미 끝나버렸어, 몸은 절구통이야 누가 좋다구 데려가니. 데이트라두 해주구 도루 살자는 매형이 고마운 거야 경서야. 나는 솔직히 고맙다. 형은 안 그러우?

경환   버릇만 고쳤다면 없는 거보다는 있는 게 백 번 낫지. 경란이한테 잘하잖아 또.

경택   아 잘하지 잘해애. 우리 한씨네는 맨발루 뛰어두 못 따라가지이 마누라한테 잘하는 걸루느은.

경서   어이그어이그, 세상에 제일 어리석은 게 똑!같은 잘못 되풀이
       하는 거에요.

S# 29 거실 주방

상차림 거의 끝나가는 중.

무길   (촛대에 초 꽂으면서) 어머님 모시구 나오셔야죠.

아버지   어 그래… (방으로) …

무길   … (상 둘러보면서) …… (있다가 음식 바구니들 혜자한테 집
       어주면서 바닥 닦고 있는 아내 돌아보며 비죽이 웃는) …

경란   (닦으며) 왜 웃어 왜 웃어.

무길   흠흠 참 대단한 사람이야… 안 보구 어떻게 알어.

경란   발바닥에 흙 묻히구 사는 게 억울하지 내가.

무길   흠흠 담배 한 대 피구 들어오게.

경란   들어올 거 없어. 그냥 차 타구 사라져버려.

혜자   형니임.

경란   (걸레 바구니에 넣어 한구석으로 치우고 주방으로) …

무길   (조금 소리 내어 웃으며 현관으로)

경주   (커피 마시면서 움직이는 언니 보다가) 어떻게 된 얘기야.

경란   뭐가…

경주   형부우… 너무 뜬금없잖아… 전혀 소식 없다 웬일이냐구 홍두
       깨처럼.

혜자   에이, 그동안 쭈욱 데이트하셨었대요.

경주	?
경란	? (혜자 보는) 이거야 원, 쭈욱은 무슨 쭉이야 쭉이.
혜자	(얼른 모른 척 돌아서고)
경주	데이트?
경란	…
경주	형부랑 데이트를 했단 말야?
경란	시끄러 조용해. 나두 하자면 너한테 할 말 많어.
경주	(보는)
경란	내가 등신 같어?
경주	무슨 말 하는지 모르겠다아. (거실로 나가는)

S# 30 안방

아버지 (아내 사진 앞에 쭈그리고 앉아서) …… 성진이가 아직 안 왔어… 얼추 다 왔댜… 무길이가 왔어… 지 말루는 완전히 손씻구 돈벌이 착실하게 하구 있댜… 믿어야 좋을지 어쩔지 모르겄어…… 끄으응. (일어나며) 그려, 잠을 못 자서 그런지 고단햐… (사진 집고 손바닥으로 유리 닦듯 하면서) 나가자구… 자 알 많이 먹구 가…

S# 31 거실

아버지 (나오는데)

무길 (들어오며) 성진이 도착했습니다 장인어른.

아버지 그려?

경란	아들 도착했대요. (인애에게)
인애	(일하면서) …
경란	아직두 골나 있는 거유?
아버지	애들 나오라구 햐.
혜자	네에… (남자들 방으로 뛰고)
경주	언니 뭐 골낼 일 있었어요?
경란	얘기하자면 길다. 국솥 이제 꺼두 되겠어요. (하며 거실 쪽으로 움직이는데)
무길	(앞서 들어오며) 아버님 기뻐하세요. 손주 며느릿감두 같이 왔네요.
아버지	이잉?
인애	(주방에서) ?
경주	결혼할 애 있었어요? (경란, 혜자도 떵)
인애	(거실로 나오는데)
성진	(앞서 들어와서 뒤에) 들어와…
인애	(나서며) 어딜 들어와… 들어오지 마. 내 나갈 테니까 들어오지 말라구.
경란	언니이.
성진	들어와, 괜찮아 들어와.
인애	(현관으로 내달으며) 어딜 들어오냐구.
경환	(조금 전에 경택, 경서와 같이 나와 있다가 O.L) 내가 데려오랬어. (경택, 경서 영문을 알 듯 모를 듯 형 보고 / 한 화면)
인애	? (돌아본다)

경환	들어와. 들어와라 초희야…
인애	여보…
성진	(초희 잡아끌어 들이면서 O.L의 기분) 각오했잖아. 바보처럼 굴지 말아.
초희	(끌려들어와 서고)
성진	올라가.
초희	…
성진	먼저 올라가라구.
경란	올라와 올라와. 초희 / 초희라구 했지? 초희씨.
초희	(올라오고)
성진	(올라와서 현관께인 채) 늦어서 죄송합니다 할아버님… 그리구 인사 여쭙게 하려구 한 사람 데리구 왔어요.
인애	(O.L의 기분) 성진아.
성진	죄송해요, 엄마, (해놓고) … (모두에게) 이름은 초희구요, 저 근무하는 병원 간호사예요. 엄마 아부지 다 반대시지만… 아버지는 져주실 걸루 믿구… 작은아버지, 고모들 한자리 다 모이시는 기회 안 놓칠려구… 제 맘대루 이렇게… 했습니다. 죄송합니다…
경란	왜 반대해?
성진	기대에 못 미치셔서요. 인사드려. 할아버님.
초희	(목례)
성진	작은아버지, 둘째 작은아버지.
경란	어 잘 왔어요 잘 왔어.

인애	너 나 좀 보자. (아들에게)
성진	(엄마 보는)
인애	(아들 손 잡아끌며) 이리 들어와.
아버지	제사 지내야지, 어딜 데리구 들어가.
인애	아버님 저 애하구…
아버지	나중에 햐. (사진 놓으려 움직이며) 촛불 댕겨… 향 부치구.
무길	(얼른 사진 놓는 아버지 돕고)
경택	(촛불 댕긴다) ……
무길	(향 맡고)
경란	메하구 탕 올려 얼른. (주방으로 뛰며)
경서	약주 갖구 오구요.
경란	어 그래애.
인애	(다른 사람들 움직이는 것과 상관없이 아들 노려보는 눈에 눈물이 가득하다) ……
성진	(자신도 어쩔 수 없는 심정으로 보며) …
초희	(옆에서 죄인이고)
인애	(횡하니 여자들 방으로 들어가버린다)
아버지	… (들어가는 며느리 보면서 착잡한) ……

S# 32 마당에서 집 / 밤

S# 33 거실

진행되고 있는 제사. 남자들 절 구부린 데서 일어나는.

경환	허서방 음복해.
무길	예. (술 조금 먹고 비우고, 잔 채우고 돌려서 놓고 일어나는데)
경란	(슬그머니 양복 뒤 아랫단 당겨 펴준다)
경주	? (옆으로 보고)
경란	(딴전 피고)
무길	(동시에 잠깐 뒤돌아보는 듯하고 / 다 같이 절로) 여자들은 인애만 빼고 다 같이 뒤에 서 있고.
성진	(나서서 무릎 꿇고 음복하고 술 따르는)

S# 34 여자들 방

인애	(입 꽉 다물고 혼자 울고 있는) ……

S# 35 집 전경

마루문, 현관문 열리고 있는 / 불도 꺼지고.

S# 36 거실

촛불만 켜져 있고 어두운데 앉아 있는.

아무도 아무 말 없이.

경란	(그 틈을 비집고) 몇 살야? (속삭이는)
초희	여덟이에요. (작게)
경란	어이구우우 나이배기네… 동갑 아냐?
무길	아 조용히 해… 잡수시는 중이잖어어어. (작게 야단치는)
경란	(약간은 찔끔 / 자신도 모르게 나이스하게 /) 알았어. (했다

가 아차 / 통통) 자격두 없는 사람이 기어들어서는…

S# 37 마당

그 상태로 한참 동안 두었다가 불 환히 커지면서 누군가가 문
을 닫고.

S# 38 거실

남자들 여자들 상 두 개 놓고… 인애는 빠져 있고.

모두 묵묵히 먹는… 남자들.

경주 (별 관심 없이 먹고)

혜자 (초희 살피느라 바쁘고)

경란 (초희한테 뭔가 집어주고 하면서)

초희 … (주눅 들어 죽겠다) …

경서 그러니까 요컨대 아버지는 떼넘길 수 있을 거 같으니까 그렇다
치구 엄마 허락 받을 일이 난감했던 차에 / 제삿날 빌려 우리
한테 다 보이면서 기정사실화하자 그거니?

성진 다 같이 좀 도와주셨으면 해서요.

경택 흥흥… 요오상한 날이구면 요상한 날이야. 하하, 아부지 그렇
쥬?

경서 그런데 너 우리는 아무 권한 없는 사람들이다… 직접 느이 아
버지 엄마가 허락하셔야지 우리 의사는 소용없어. 의견을 말할
수는 있지만 가부 결정은 우리 권한 밖이다아.

성진 네 알아요…

경서	형은 허락한 거예요?
경환	허락이구 뭐구 처음부터 내 의사는 펼 기회두 없었다. 즈 엄마 난리지 애 녀석 반대루 난리지 / 틈바구니에서 골만 아팠어…
경란	그러니까 반대유 찬성이유? 태도를 분명히 해요.
경환	나보다 오래 살 녀석 하구 싶은 대루 하는 게 정석 아니겠니? 지가 살 사람 선택이구.
경택	형수는 왜 난리치는 거유.
경환	흥흥… 함부루 얘기하면 속물 근성이구… 품위 있게 얘기하면 아들 하나 공들여 키웠는데… 자기 기대에 못 미친다 싶어 실망스러 그러는 거구.
경란	요새두 의사하구 결혼하려면 열쇠 다섯 개 준비해야 하니 성진아?
성진	전 그런 여자 의심 들어서 싫어요 고모.
경주	무슨 의심?
성진	멀쩡한 딸 내노면서 뭐가 꿀려 몇 억씩 싸발라 보내나 수상해서요.
경란	낄낄… 혹시 유전병 있는 각시 아닌가 싶어서?
혜자	뭘 그렇게 생각해애? 몇 억씩 싸들고 오면 빨리 자리잡구 좋지. 유전병 없는 딸두 있는 집에서 의사 사위 보면 다 그런다드라.
경택	그래애. 혜자는 돈만 싸들구 오면 덮어놓구 다 좋을 거다 다. 머리가 둘 달렸어두 오케이할걸?
경주	부모님은 계셔?
초희	엄마만 계세요…

성진 아버지 일찍 돌아가셨어요.

혜자 엄마가 뭐 하시는 일 있나?

초희 서점 하세요.

혜자 어 서저엄… 점잖은 거 하시네. 어디서?

초희 동네서요.

혜자 으웅. 대학은 나왔어?

초희 네.

경란 그러니까 병원에서 만난 거구나.

초희 … 네…

혜자 너무 얌전 떤다. 으흐흐흐흐. 실제는 안 이럴 텐데…

성진 주눅 들어서 그래요. 밝아요. 일 아주 잘하구요…

인애 (어느 틈에 나와 서서) 아직 멀었니?

성진 (잠깐 보고) … 조금만 더 먹구요… 저 배 고팠어요.

인애 (들어가려고 돌아서는데)

혜자 탕국 아주 맛있는데 조금만 잡수세요 형님.

인애 (그냥 들어가고) …

경택 … (먹으면서 성진 잠깐 보고) 너 죽었다… 일 났어 인마. 니 엄마 너 가만 내버려둘 거 같어? 싸그리 무시하구 니 멋대루 인마 엄마 뒤통수 갈겼는데 엄마 가만 넘어가겠다.

성진 … (먹으며) 네에…

경서 얼마나 사귀었니.

성진 오 년 됐어요.

경란 오래됐네에.

무길   여보, 나 탕국 좀 한 번 더 줄래요?

경란   먹을 거 많은데 왜 국으루 배를 채워요… (일어나는 혜자 말리
      며) 놔둬 내가 하께. (주방으로 움직이며) 국두 억세게두 좋아
      하니까 암튼…

무길   (괜히 혜식게 웃는 / 둘러보며) …

S# 39 전경 인서트

S# 40 안방

경란   (아버지 이부자리 펴 손으로 들어가기 좋게 해주면서) 일찍 주
      무셔유. 아부지 얼굴이 꺼매. 고단하신개벼.

아버지 그려 고단햐… (옷 벗은 것 경란 개키고 / 아버지는 내의 바람
      으로 자리로 들어가 앉는다) … (앉아서 우두커니)

경란   ? (문득 보고) 뭐 필요한 거 있어요?

아버지 아녀…

경란   …… (보다가) 그럼유.

아버지 아녀… (눕는다)

경란   … (보다가 이불 잘 여며주고) …… (보며)

아버지 …… (눈 감고)

경란   자년 다르구 금년 다르지유?

아버지 …

경란   고집 피지 말구 오빠네루 올라가세요오.

아버지 ……

경란   에?

아버지   수족 아직 멀쩡햐. … 어디 올라가겄어? … 여기가 편햐…

경란   … (보며 있다가 아버지 다리 주무르기 시작) ……

아버지   놔둬, 괜찮어.

경란   주무세유…

아버지   성가셔 나가봐….

경란   (멈추고) 그럼 주무세요…… (일어서 문으로 가서 열다가 시선 문짝에. 처음부터 붙어 있던 것이고 처음 보는 것도 아니다)
      문짝에 붙어 있는 세필 붓글씨.
      1. 가스불은 잠갔는가.
      2. 문은 잠갔는가.
      3. 똘이 밥은 주었는가.
      4. 세탁기 빨래는 꺼냈는가.
      5. 빨래는 걷었는가.
      (기타 등등 있을 수 있는 항목)

경란   (문짝에 등 기대며 자는 아버지 쪽으로 돌아서는데 눈물이 투 투투툭 떨어진다) …… 하아아아… (하며 그대로 주루룩 바닥 에 두 다리 세우고 앉으면서 눈물 닦아내는) …

S# 41 거실

      과일과 차 놓고 가족들 앉아 있고 자유롭게 잠깐.

인애   (나와서) 언제 들어올 거야?

성진   … (보고) 예 들어가요. (하고 일어서며 눈짓으로 초희 일으킨다)

초희   (일어나는데)

인애   너는 들어올 거 없어. 안 들어와두 돼… (하고 들어가고)

성진   (일어선 채) … (바닥 보며)

초희   (일어서서 성진 보면서)

다른 사람 … (앉아서)

한 화면에 다 같이.

제3부

S# 1 집 전경 / 밤

S# 2 마루

　　　모두 우두커니 앉아서 / 한동안 긴 사이.

경란　… 왜 이렇게 조용한 거야…

　　　아무도 대답 없고.

경서　쥼 들어가보죠. (형 보며)

경환　…

경서　뒤루 빠질 일 아니에요. 형님 며느리 문제 아니에요.

경환　둘이 알아서 하겠지… 나는 중립이야. (일어나며) 한잔하자.

경택	그럽시다. (같이 일어나며) 술상 봐.
혜자	(일어나며) 알았어요.
경환	(앞서고)
경택	(따르다 돌아보며) 너 안 일어나? 매형두 들어오구요.
무길	어… (일어나는데)
경서	(일어나 현관으로)
경란	어디 가?
경서	바람 좀 쐬구요. 띠잉해요.
경택	춰, 뭐 걸치구 나가 /
경서	… (그냥 현관 내려서는데)
무길	(옷걸이에 걸려 있는 / 제사지낼 때 입었다 벗어놓은 상의들 중 경서 것 떼어내면서) 잠깐 / (옷들 뒤적이며) 어떤 게 처남 거야… 하나 입구 나가 감기 들어.
경서	아무거나 주세요. (상의 받아 들고 나가고)
무길	(남자들 방으로 돌아서는데)
경란	술 먹지 마. 자러 나가얄 거 아냐.
무길	? …
경란	음주운전 할 거야?
무길	아무 데서나 자지 뭐.
경란	어디서 자? 잘 데두 없는데?
무길	아 그전에두 다 잤어. 별걱정 다해. (하며 남자들 방 쪽으로)
경란	착각하지 마. 그전이 아니구 그후야. 나가서 자.
무길	(돌아보며) 당신 나가서 자구 싶어?

경란	? … 머머머머 내가 미쳐.
무길	걱정 마. 아무 데서나 자게… 마루 넓은데 무슨 걱정야. (하고 방 쪽으로)
경란	재워준다는 사람 누군데! (무길 그냥 들어가고) … (무안해서 괜히 경주 보면)
경주	(조용히 차만 마시고 있다) …
경란	… (좀 보다가 여자들 방 쪽 돌아보며) 뭐 종이에 써서 얘기하구 있나아? (혜자는 술상 보고 있고)
경주	(일어나 옷걸이의 남자 상의 아무거나 벗겨 걸친다)
경란	너는 왜애?
경주	나두 띠잉해… (현관으로)
경란	(왜 다들 저래. 괜히 고개 한 번 갸우뚱하고 먹을 것 하나 집어 올리며) 바늘방석이지? (초희 보며)
초희	…
경란	시어머니 재목이 반대하면 해두 문제야. 결혼 전 반대보다 더 끔찍할 수두 있지…… (눈치 보듯 하고) 자신 있어?
초희	… (그냥) …
경란	아 그런데 정말 이상하네에에? (돌아보다가 술상 들고 나오는 혜자 보고 일어나며) 내가 갖다주께.
혜자	그러세요. (상 넘기고)
경란	(상 받으며) 너무 조용하니까 진짜 불안하다.
혜자	(같이 돌아보며) 네에.

S# 3 여자들 방

인애 (단정하게 앉아서 고개 틀고 눈 찌그려 감고 하염없이 소리 죽여 울고 있다) 큭… 큭큭… 큭…… 큭큭큭… (얼굴이 거의 눈물로 다 젖어 있다시피)

성진 …… (속이 찢어지면서도 시선 안 떼고 보면서) …… (엄마 앞에 휴지) …

인애 …… (가슴이 무너지는 소리 죽인 울음) ……

성진 …… (목소리는 잠겼지만 물러설 생각은 없다 조용히) 그만하세요.

인애 …

성진 …… (가만히 보며)

인애 (수습해야겠다 / 다잡고 휴지 몇 장 뽑아 얼굴 닦으며) … 너한테 이렇게… 무시당하구 / … 이런 기막힌 대접 받게 될 줄은 정말 꿈에두 몰랐다……

성진 (보며) ……

인애 니 엄마 등신 만들어놓구 좋아? … 기쁘니?

성진 그동안 수없이 여러 차례 얘기했어요… 이해하려는 노력 조금두 안 해주셨어요. 시간 낭비라는 생각이 들었어요. 초희 더 이상 서럽게 만들구 싶지 않았구요.

인애 에미 슬프게 만드는 건 상관 없구.

성진 엄마가 만들어논 내 인생 설계 / 도저히 수용 못해요.

인애 (조금 터지듯) 그래서 좋은 혼처 다 싫다구 /

S# 4 방 밖

혜자   (문에 귀 대고 듣고 있다)

인애   (E) 고작 밥만 먹는 홀어머니 외딸야? 내가 나 위해서 이러느
냐 말야 이 녀석아. 애 똑똑하구 재기발랄해 / 집안 좋아 / 유
학 보내준대

성진   (E) 엄마아. (왜 그러세요)

인애   (E) (연결) 아들 없는 집에 너 들어가면 니가 아들인데 /

성진   (E) (O.L) 그게 나랑 무슨 상관이에요. 내가 싫은데에.

S# 5 방 안

인애   … (잠깐 보다가 반격처럼) 그럼 선은 왜 보러 나갔어.

성진   소원이니까 나가기만 하라 그랬잖아요. 그쪽에 미안한 일이니
까 안 하겠다는데 기어이 나가라 그러셨잖아요.

인애   사랑? 너 사랑을 믿니? 니 아버지하구 나는 사랑 안 하구 결혼
했는 줄 알어?

성진   사랑은 씨앗이나 묘목 같은 거예요. 끊임없이 마음써 돌보지
않으면 말라죽어버리죠. 사랑이 믿을 수 없는 게 아니라 엄마
아버지는 사랑을 죽여버린 거예요.

인애   뭘 안다구 나 가르쳐 건방진 녀석아. 부부 평생 사는 건 니가
알구 있는 서보다 훨씬 복잡하구 미묘한 거야. 알기나 해?

성진   저는 복잡하게 생각 안 해요. 내가 선택한 단 하나 내 사람 / 날
마다 편안한 마음으루 잠들게 끝없이 애끼면서 그렇게 살 거
예요.

인애	(같잖다) 결혼할 땐 누구나 하는 약속야, 이 어리석은 것아.
성진	…… (그냥 보면서)
인애	(새삼스레) 도대체 뭐에 홀려서 그러는 거냐구우 / 뭐 보잘 거 있다구우.
성진	… (보며)
인애	(밀어붙이는) 너만한 조건이면 얼마든지
성진	(O.L의 기분) 결혼의 첫째 조건은 엄마… 마음(강조)이에요… 내 마음이 초희를 원해요. 초희 마음은 저를 원하구요.
인애	당연하겠지, 어디서 너 같은 봉을 잡아.
성진	모욕하지 마세요. 내가 더 좋아해요.
인애	…… (노려보다가) 벽창호 같은 눔.

S# 6 집 밖 / 밤

긴 나무 그네에 나란히 앉아서.

경주	으ㅎㅎㅎ 저번에 진짜 잘 본다는 사주쟁이한테 가서 사주를 봤는데 오빠… 나 / 사주에 관이 세 개나 있어서 결혼하기 진짜 어렵다 그르드라. 고개를 설레설레 흔들면서 댁은 결혼하기 진짜 어렵습니다 어려워요 어려워요… 그르드니 그냥 연애나 실컷 하래.
경서	관이 뭔데?
경주	몰라 관이라는 게 있나봐. 암튼 그렇대… 근데 나보다 더 쩍인 건 같이 갔던 작가 / 나하구 일 같이 하는 작가 있어. 걔 곧 결혼하거든? 약혼자 사주 넣었는데, 글쎄 그 남자는 사모관대

를 세 번 쓸 사주라드라…

경서   세 번 장가간다구?

경주   (끄덕이며) 결혼하면 여자가 죽거나 도망가거나 미쳐서 병원 들어가거나 그런대. 낄낄… 사주집에서 나오면서 걔 얼굴이 원래 하얗거든. 하얀 얼굴이 퍼래져서 나 뭘까 죽는 걸까 미치는 걸까 도망일까 그래서 낄낄거리구 웃기는 했는데 / 영 찜찜한 모양이더라. 그저껜가는 심각한 얼굴루 죽구 미치는 거보다는 도망가는 여자가 그중 나니까 결혼 깨버릴까부다구.

경서   그런 게 뭐 다 헛소리지.

경주   헛소리길 바래… 결혼두 못해보구 죽긴 싫거든.

경서   만나는 사람 없니?

경주   없어…

경서   그럼 사주쟁이 말대루 연애라두 실컨 해…

경주   놈이 없어. 으ㅎㅎㅎ…… (어둠 보고 잠시 있다가) 그런데 오빠… (돌아보며) 올케언니는 괜찮은 거니?

경서   뭐가…

경주   아니이… 저번 세현이 생일나알… 해피버스데이 전화했는데에…

경서   그런데…

경주   왜 있지… 뭐라구 꼭 집어서 이거다 할 수는 없는데 전해지는 느낌… 별루 안 반가워하는 거 같은 느낌…

경서   … 피곤했겠지.

경주   피곤하다구 해서 그동안 주욱 유지됐던 관계에 있는 정감까지 빠지지는 않거든… 그런 게 없는 느낌이더라구… 으음 전화 끊구 생각해보니까 언제부턴가 조금씩 달라졌던 거 같아. 뭐랄까 식는 거 있지 물이 식는 거처럼 그렇게… (하며 보는)

경서   … (그냥 어둠 보며) …

경주   뭐… 있어?

경서   ? … 뭐가 있어. 없어.

경주   오빠한테는 안 그래?

경서   아니.

경주   나한테 뭐 삐진 거 있나? … 그렇더래두 이상해. 삐지면 삐진다구 얘기할 사람이잖아.

경서   글쎄… 오버한 거 아냐?

경주   … 그런가?

S# 7 거실

혜자   (바닥에 앉아 있는 초희 쪽으로 오면서) 오늘 안에 안 끝나겠다.

초희   (혜자 보는)

혜자   (두 다리 세워 모아 잡고 앉으면서 초희 보며) 잘난 아들 둔 입장에서는 저러실 수두 있어. 아가씨 조건이 너무 그렇다아.

초희   …

혜자   간호사 일은 계속할 거야?

초희   네, 그럴 거예요.

혜자   두 사람 월급이면 살 만은 하겠네. 그런데 성진이 군대는 언제 간대?

초희   좀 천천히 갈 건가봐요.

혜자   결혼하구 나서?

초희   네.

혜자   그런데 그 결혼 죽어두 안 된다시니 일 났네. 뭐 눈 밖에 난 일
        있어?

초희   그저 다… 못마땅하신가봐요.

혜자   그렇겠지… 욕심에 안 차는데 뭐는 이쁘게 보일라구… 아우 피
        곤해 죽겠는데 누울 자리두 없구… (엉금엉금 소파로 가는데)
        경서와 경주 들어온다.

혜자   (얼른 일어나며) 안 추우세요?

경주   어, 기분 좋게 쌀쌀해요.

경서   (O.L의 기분으로) 아직두 안 나왔어요?

혜자   오늘 안에 안 끝나겠어요. (하는데)

성진   (E) (버럭 터지는) 네에! 끝까지 하겠어요!

모두   ?

성진   (E) 끝까지 할 작정으루 데려왔어요! 엄마가 뭐라시든 상관 안
        해요!!!

경서   저 자식 저거… (버릇 개판이다) … (경주 방 쪽으로 움직이는)

S# 8 여자들 방

성진   (연결) 할 만큼은 했어요. 더 이상은 안 해요. 지쳤어요!

인애   (소리 눌러서) 어디서 악을 써. 사람이 몇인데 악을 써.

경서   (E) (O.L) 성진아. (야단치는 건 아니고)

인애　저리 가세요.

S# 9 방 밖

경서　(방문 앞에서) 인마, 여기서 너 젤 쫄짜 군번야. 혼나구 싶어?

인애　(E) 참견하지 말구 비키세요.

경서　너 그러다 작은삼촌한테 맞어. 애 답답하게 만들지 말구 잘해 보세요, 형수님.

S# 10 방 안

인애　(다시 시작한다) 애 먼저 보내. 보내구 얘기하자구.

성진　같이 갈 거예요.

인애　?

성진　(울음 터질 듯하면서) 나 여자들 무서워요 엄마. (이제는 애원이다) 삼 년 연애해 결혼한 내 친구 / 결혼식 도중에 쓰러졌는데 머리에 혹 생겨서 수술해야 했어요. 수술 날짜 받아놓구 기다리는 동안 무슨 일 있었는지 아세요? 여자가 캐나다루 가버렸어요. 수술 끝나는 거만 보구 가라구 친구 부모가 사정사정하는데두 / (비웃는) 가슴이 너무 아파 도저히 못 본다 그러구 그냥 가버렸어요. 쟤만은 그럴 애 아니에요. 당장 당장 내가 장애인이 돼두 쟤는 나 떠날 애 아니에요.

인애　방정맞게 무슨 입방정이야. (질색 / 야단치는)

성진　그걸 믿어요 엄마. 그걸 믿는데 엄마 정말 왜 이렇게 속상하게 해요. 네에?

인애	애 보내구 얘기하자구.
성진	…… (보며)
인애	… 그래서 그 친구는 수술받구 어떻게 됐는데?
성진	… (감정 수습하며) 다행히 양성이라 순조롭게 회복되구 있어요… 우리 모두 식장에서 쓰러진 게 운 튼 거라구 해요.
인애	… (아들 안 보는 채 / 그래도 다행이구나)

S# 11 남자들 방

경택	(화면 시작과 동시에) 아 좀 가봐요오. (경서, 경주 다 들어와 있다)
경환	(무길에게 따라주면서) …
경택	나 참… 무슨 아버지가 이래애. … 아 가서 형수 편을 들든지 애 편을 들든지 양단 간에…
경란	(O.L) 오빠 성진이 편여.
경환	(경란과 동시에) 둘 다 내가 필요하질 않아… 필요하면 부를 텐데 안 부르잖아. 즈이끼리 해보라 그래애.
경란	아 왜 그루. 가장이잖아아. 가서 빨리 교통정리하구 애 풀어노라구.
경환	난 척하지 말구 술이나 마셔.
경택	… (형 보디기 좀 올라시) 아 왜 그러구 살어어.
경환	(O.L으로 술잔 탁 놓으면서 / 올라서) 못나서 이러구 산다 왜애! (눈 질끈 감는)
경택	? … (다른 사람도 찔끔하도록)

경란	(경택 직신하고)
경택	아 왜 역정은 내요오. (꼬리 내리는) 누가 뭐랬다구…
경환	…
	분위기 썰렁.
경란	(경택과 눈 맞추고 흘기며 구박 주는)
경택	(제스처만으로 내가 뭐 어쨌는데에)
무길	(경란 건드린다)
경란	?
무길	(나가자는 눈짓)
경란	(입으로만) 어디이.
무길	(고개짓으로 나가자구우)
경란	(흘기며 입만으로 가만 있어어어)
경환	(눈 지그려 감은 채)
경주	나 한잔 더 줘.
경서	(술병 들어 따르며 형 보는) …

S# 12 다시 여자들 방

성진	… (보다가) 나는 엄마 / 저한테 이럴 자격 없다구 생각해요. (차갑게)
인애	? … 뭐??
성진	아버지하구 이혼하구 엘에이루 가실 거잖아요.
인애	…… 니 아부지가 그래?
성진	두 분 말씀하시는 거 들었어요.

인애	니 아버지가 이민은 안 간다잖아.
성진	이민을 왜 가셔야 하는데요.
인애	할 일 없이 술이나 마시면서 사느니 외삼촌 신문사에 들어가면 생활은
성진	(O.L) 아버지 안 가실 거 알잖아요.
인애	그 옹고집을 누가 말려.
성진	엄마 / 아버지… 버리구 싶은 거예요.
인애	… (보는)
성진	삼십 년 산 아버지 버리는 엄마 말… 나 안 들어요…
인애	버리는 게 아니라 합의한 거야. 니 아버지두 나 필요없대.
성진	엄마 같은 아내 필요없죠. (일어나며)
인애	뭐야?
성진	(묵살하고) 우리 월요일에 혼인신고 하구 합쳐요.
인애	????? (오직 황당할 따름)
성진	올라갈게요. (나간다)
인애	… (숨만 몰아쉬면서 어떻게 할지를 모르겠다)

S# 13 거실

초희	(나오는 성진 보고 일어난다)
혜자	얘기 잘됐어?
성진	아니요… (남자들 방 쪽으로 가서) 아버지.
	잠시 사이 두었다가.
경택	(문 열며) 그래 들어와, 들어와라.

성진   (들어간다)

S# 14 남자들 방

성진   (들어오는데)

경란   이겼니? 허락받았어?

경택   (경란과 함께) 앉어. 우리 집 장손 앉어. (앉으며) 너두 한잔 해.

성진   (O.L의 기분) 아니에요 저 내일 새벽 근무예요. 올라가야 해요.

경란   이 밤에에?

성진   아버지.

경환   그래 말해. (하며 마시는)

성진   죄송해요. 월요일에 혼인신고, 일요일에 식 올려요.

경환   … (안 보는 채)

경란   ? … (이 사람 저 사람 두리번거리며) 얘 좀 봐. 너 니 엄마랑…

성진   (참혹하면서) 이렇게까지는 안 하구 싶었는데 / 초희가 너무
        힘들어해요… 할 짓이 아니에요.

모두   (경환에게 시선 집중)

경환   ……

성진   아버지라두 와주시면… 좋구요. 안 오신대두.

경환   (O.L) 운전 조심해서 올라가… (일어나며) 천천히 가 천천히…
        (아들 앞으로 가 어깨에 팔 두르며) 나는 가께.

성진   (터지는 울음 이 악물며 아버지 한 어깨에 이마 붙인다) …

경환   … (잠시 있다가 슬며시 떼어내며 문으로 밀듯이) … (나가는
        부자)

S# 15 거실

나오는 부자 뒤로 적당히 나오는 방안 어른들.

경환 (돌아보며) 애 가는데 뭐 하러 나와? 나올 거 없어.

경란 장손인데에 대접해줘야지이.

성진 할아버진 못 뵙구 가요.

경환 됐어 말씀드릴게.

성진 이리 와.

초희 (성진 옆으로)

성진 저 먼저 올라가요 그럼. (친척들에게)

경주·경란·무길 (각각) 그래 / 운전 조심해 / 배웅은 제가 하죠 제가 하께요.

경환 아냐 내가 나가. (먼저 앞서며) …

성진   인사드려.

초희 (목례하고)

두 아이 (나가는)

경란 (기다렸다가 무길 잡아당기며) 사둔집에는 못 데리구 가 암튼. 아무 데나 나서기는.

무길 아, 나 형님 안 나가실 줄 알았지이.

S# 16 현관 밖

경환 (앞서 나오고) ……

두 아이 (따라 나오는) …

성진 자동차 세워져 있는 곳까지 묵묵히.

성진 (리모컨으로 차문 열면서) 들어가세요.

경환   그래. (하고) 후우우우우우…… (내뿜고) 초희야… (하고 또
       침묵)

초희   (보며) …… (기다리다가) 네에. (말씀하세요)

경환   많이… 아프지? 그런데 성진 엄마는 너보다 더 아플 거야… 너
       는 아프면서 대신 성진이를 얻지만, 성진 엄마는 아프면서 아
       들까지 잃는 셈이니까…… 얼마쯤은 미안하게 생각하면서…
       세월을 벌어… 니들이 부모가 돼서야 깨달을 수 있는 일이거든.

초희   저 때문에 불편하게 만들어드려서… 죄송합니다.

경환   가. (아들 돌아보며)

성진   … (운전석 옆자리로 돌아 문 열고) 타.

초희   그럼. (하고 고개 숙여 인사하는데)

경환   (손 내밀며) 악수 한 번 하자.

초희   (그 손 잡는다)

경환   (잡고) … (왠지 뭉클하는) 전석 못난 꼴 보여두… 잘 봐주는…
       착한 아내였으면 좋겠다.

초희   죽을힘을 다하겠습니다…

경환   (손 놓고) 그래. (끄덕이며)

성진   (초희 태우고 운전석에) …
       두 아이 벨트 매고.

경환   (아이들 보면서) …
       화안하게 켜지는 라이트.

경환   (조금 비켜 주고)
       출발하는 자동차.

경환 옆을 돌아서 꽁무니로 빠지는 자동차.

경환　… (보며)

멀어져가는 자동차.

S# 17 거실

모두　(방에 있는 인애도 부담되고 느닷없는 일이 좀 그렇기도 해서)
　　　……

경주　(혼자만 신문 들여다보고) ……

경택과 경서는 소파에 적당히 / 무길과 혜자는 쭈그리고 / 경란은 두 손 무릎 아래 찔러넣고 바닥에 앉아 있고.

경주　(문득 일어나며) 커피 필요한 사람…

무길　어 나두 줘.

경란　(힐끗 보는)

무길　뭐어.

경서　내 꺼두 만들어.

경주　알았어… (커피 준비 시작하는)

경란　배고플 텐데…

혜자　차려다 드려 볼까요?

경택　지금 밥이 넘어가?

무길　안 넘어가쇼오.

　　　사이.

경택　(나지막이 / 좀 은밀한 기분) 그런데 우린 식장에 가줘야 하는 거지?

무길   아 그럼요. 당연하죠 형님.

경란   허씨 아자씨 좀 빠지세요. 아자씨 나설 자리 아냐아.

무길   … (무색하고)

경란   누구 무서워 못 가. 가야지.

혜자   우리는 이 달에 차 바꾸구 가게 히타 바꾸구 여유 없는데에.

경택   ? (아내 보는데)

경란   언젠 그 집에 여유 있었던 적 있어? (미워서)

혜자   이달에는 정말

경택   입 못 닫어?

혜자   거짓말 아니잖어. 차 바꾸는 데 천만 원이나 들어가구 히타
        두 그게…

경택   (부라리며) 시이잇 (혓새로 바람 끌어들이는)

혜자   (그만두고)

경란   강아지 판 돈 꿔주께 삼부 이자만 내.

무길   이 사람 형제간에 이자는 무슨…

경란   모르면 가만있어요 엉?

무길   아 야박하게 형제간에 이자 챙겨?

경란   형제간에 오부 내라는 사람이에요 저 사람.

경택   ? (아내 보는데)

경란   나는 근거 없는 소린 안 하네.

경택   언제 그랬어.

혜자   우리 돈 아니구 장미네서 돌려줄려구 / 장미네는 그렇게 받는
        단 말예요.

경택	어이그으으… (하며 달려드는데)
경서	왜 그래요. (막는다 / 경택 앉은 자리가 혜자한테 경서보다 멀리) 쓸데없는 소린 왜 해요.
경란	아 우리 다 아는 사실이잖아아.
혜자	그러는 형님은 뭐 강아지 한 마리 키워보라구 준 적 있어요?
경란	?
경택	강아질 왜 줘.
혜자	수미가
경택	(O.L) 수미가 필요하다면 누나한테 돈 주구 사다줘. 누구 강아질 탐내 이 여자가.
경주	(커피 들고 오며) 강아지 꽁짜는 곤란하죠오오. 언니 생업인데…
혜자	말이 그렇다는 거예요. (하는데)
인애	(가방 들고 서울 갈 차림으로 방에서 나온다)
모두	(돌아보는)
인애	(그냥 현관으로)
경란	(일어나면서) 뭐 하는 거유?
인애	나 먼저 올라가요. (신발장 열면서)
경란	말두 안 돼. 언니이. (내달으며)
인애	속 불편해서 더는 못 있겠어요. 먼저 올라가요.
경란	(가방 집어들며) 이러지 말아요. 여기 언니 맘 이해 못하는 사람 아무두 없구, 자식 내 맘대루 되는 부모두 천지에 없는 모양입디다. (신 신는 인애 팔 끼고 끌어올리려 하면서) 올라와요

올라와.

인애   (밀어내면서) 이리 내요.

경란   언니 언니이… (여전히 애 쓰면서)

인애   (조금 터지면서) 이리 내요 글쎄… 가구 싶어요 이리 내요.

경택   (일어서 있다가 현관으로 움직이며) 어이 참 형수 이러면 안
        되는 거 아니에요? 아무리 속이 상하셔두 어떻게 혼자 가신다
        구 나설 수가 있어요 이 밤중에. 형은 어떡하구요.

인애   차편 있잖아요.

경택   누가 차편 얘기예요? 아부지한테 뭐라구 말씀드려요. 형수님
        만며느리 아니세요? 만며느리가

인애   (O.L) 만며느리 노릇 제대루 못해서 미안해요. 주세요 고모.

경서   형수님.

인애   나 한씨네 사람들 얼굴 보구 싶지 않아요. 여기 누구 한 사람
        내 편 있어요?

경란   아니, 언니 (시작하려는데)

경주   (O.L) 가구 싶으면 가라 그래. 사정할 거 뭐 있어. 만며느리구
        뭐구 상관없다는데. (커피 쟁반 놓으며)

경택   야! (야단치는)

경주   (여자들 방 쪽으로 움직이며) 언젠 뭐 그렇게 믿음직한 만며느
        리였수? 붙잡지 마아.

인애   만며느리 노릇 못한 게 뭐가 있어요 내가.

경주   (돌아보며) 네에. 귀찮아 귀찮아 하면서 그동안 애 많이 쓰셨
        어요. 이제는 그것두 하기 싫다는 거 아니에요? 왜요? 오빠 실

직자라서요?

경택 너 왜 그래!

경주 (하다보니까 열난다 / 언성을 높일 필요는 없음) 우리 다 그렇
     게 우스워요? 우리 오빠 우스워요? 우리 아버지두 우습구요?
     언닌 뭐가 그렇게 대단한데요.

경란 경주야아.

경주 그러는 거 아니죠오… 아무리 별 볼일 없어두 시집은 시집이에
     요. 왜 언니 편이 아무두 없는데요. 언니가 씨를 그렇게 뿌렸어
     요. 모르시겠어요?

아버지 (E) 왜들 이래

모두 (돌아보고 황당한) …

아버지 (파자마에 화장실 가려고 나왔던 참이다) 무슨 일이야.

모두 …

아버지 경주 왜 그래? 대체 무슨 일이냐구.

경주 (그냥 여자들 방으로 들어가버리는데)

무길 아니, 저 별일은 아니구요 아버님. (아버지 곁으로) 아주머니가
     내일 일찍 서울에 중요한 약속이 있다구

인애 (경란에게서 가방 빼내는 위에)

무길 (E) 먼저 올라가신다는데 밤길에 위험하다 차라리 새벽에 동
     트면 움직이는 게 좋겠다 지금 막 서부 그러는 숭이에요. 하하하.

무길 (인애 쪽 보며) 아 그렇게 하세요. (하다가 버엉) … 당신 뭐 해.

경란 몰라 놔둬.

경택 어어이 참. (하며 잡으려고 나가는)

S# 18 집 밖

경택 (자동차 쪽으로 가는 인애 쫓으며) 형수님 형수님.

경환 (저쪽 의자에 앉아 담배 태우고 있다가 돌아보는 위에)

경택 (E) 아 진짜 이러지 마세요. 성진이 녀석은 녀석이구 (그쪽 보
       며 경환 일어선다)

경택 (잡고 달랜다) 이러지 마세요. (인애는 입 꾹 다물고 벗어나려
       하는) 하룻밤만 참으세요. 아 형하구 같이 올라가셔야지 야밤
       에 혼자 이게 뭐예요.

경환 (저만큼 다가와 서서) 왜 올라간대?

경택 아 좀 어떻게 해요. (형수 팔 잡은 채) 모양새 너무 그렇잖아요.

인애 (O.L) 아파요. 이것 좀 놔요. (정말 아파서 소리치듯)

경택 ? … (해서 손 놓고)

인애 (놓여지자마자 빠르게 움직여 운전대 옆자리 문 열고 가방 집
       어넣고 문 닫고 운전석으로 움직이는데)

경택 혀엉. (뭐 해)

경환 (O.L) 기어이 이래야겠어?

인애 (운전석 문 열다가 돌아보며) 도대체 애한테 무슨 말을 어떻게
       해논 거예요.

경환 무슨 말을 뭐얼…

인애 비겁하게 자식한테 중상모략이나 하구.

경환 무슨 중상모략을 해. (좀 올라서)

인애 당신 같은 사람한테 바친 삼십 년 세월이 너무너무 한심하구
       허무하구 억울해요.

경환   (O.L) 그래? 피차일반야. 나 역시 그래.

인애   …… (노려보다가 자동차에 올라 문 꽈앙 닫는다)

경택   ? 혀엉.

경환   놔둬.

경택   놔두면 어떡해.

경환   놔둬. (그동안 시동은 걸리고)

경택   어이 참. (차에 붙으며) 형수님 형수님 (하는데)

      거칠게 출발.

경택   (그 바람에 펄쩍 뒤로 물러서고)

경환   (담배 꺼내 문다)

경택   … (가는 차 보다가 형 돌아보며) 아 그러니까 좀 들어가보랬
      잖아요.

경환   (불붙인다)

경택   … (보다가) 아부지 나오셨어요.

경환   … (묵묵히 담배만)

S# 19 거실

아버지   … (바닥 보고 있는)…… 내일 산소들 가야 하는데 무신 약속
        이 있다는겨. (아무도 안 보는 채)

경란   (경서 잠깐 보고) … 사실은 아부지 그게 아니구.

경서   (O.L) 성진이 녀석 때문에 그래요. 형수님은 절대 반대하시는
      결혼을 하겠다구… 아까 그 아가씨두 지 맘대루 데리구 왔더라
      구요.

아버지	… (그대로 / 그건 감지하고 있다)
경서	지 맘대루 데리구 와 인사시킨 거두 형수님으로서는 못마땅한데, 이 녀석이 다음 주 일요일루 결혼식 날짜 잡아놓구
아버지	? … (보는 위에)
경서	(E) 일방적으루 / 통고형식으루 그래 놓구 올라갔거든요…
경서	그래 노니까 형수님 몹시 언짢으시죠오. 실망두 크구 화두 많이 나구.
아버지	(O.L의 기분) 큰애는 어디 있는겨.
경서	성진이네 배웅하러 나가서 아직 안 들어왔어요.
경란	성진이두 방금 떴어유 아부지.
아버지	왜 그렇게 반대를 하는겨?
경란	욕심이쥬 뭐.
아버지	…… (가만히) …
	(E) 전화벨.
경서	(받는다) 네에… 어 그래. 누나.
경란	나? (하고 받는다) 여보세요? 어 왜… 왜 밥을 안 먹어.
아버지	(일어나고 다 같이 일어나고 / 경란의 통화는 통화대로 / 아버지 화장실로)
경란	변은 어떤데… 코는… 콧물 안 흘려? … 그럼 속이 탈난 거 같다… 안 먹으면 놔둬. 애기 아니라 한두 끼 굶어두 돼. 밥 멕일려구 애 쓰지 말구 야구르트나 멕여봐. … 어 그래… 그러엄 다 지냈지. 다 끝났어… 그래. 문 잘 잠갔어? 그래. 그래 끊어… (전화 끊는데서)

경환·경택	(들어온다) …
모두	(돌아보는)
경란	왜 둘이만 들어오는겨?
경환	(남자들 방 쪽으로 움직이고)
경란	엉?
경택	아 보구 몰라요?
경란	아니, 남자들 둘이 여자 하날 못 잡었어?
경택	아 몰라. (소파로 가 벌렁 누우면서) 야 뭐 덮을 거 좀 내와.
혜자	왜 여기서 누워어.
무길	들어가 누워. 내가 여기서 자께.
경택	매형이 들어가요. 나 답답해요.
아버지	(화장실에서 나온다)
모두	(돌아본다) …
아버지	(안방으로)

S# 20 안방

아버지	(들어와 자리에 앉아서) …… (우두커니 앉아 있다가 아내 사진으로 시선) …… (중얼거리듯) 편안한 놈이 한 눔두 읍서… 한 눔두 읍서… (우두커니 그러고 있다가 눕기 시작한다)

S# 21 집 전경 / 밤

S# 22 거실

경택   (소파에서 잠들어 있고)

혜자   (남편이 잠든 소파에 엎드려 바닥에서 졸고 있다)

S# 23 여자들 방

경주   (엎드려서 문고판 같은 책 보면서) 뭐얼…

경란   (팔뚝에 로션 바르면서) 빨리 자백햐 이 지지배야… 내 이번에 아주 자백 받을라구 벨르구 왔다는 거 아냐. 수미 엄마 들어오기 전에 빨리 털어놔.

경주   털어놀 거 없어.

경란   이혼남이니?

경주   ? (돌아보지는 말고)

경란   아니면 상처한 눔야?

경주   뭐가아.

경란   이 지지배가 증말? 너 오피스텔로 끌어들이는 녀석 있는 거 다 안다구. 말 안 할 거야?

경주   그런 거 없어. 넘겨짚기 좋아하다 팔 부러져.

경란   너 저번에 김치 담아갖구 갔을 때두 나 왜 안 들여놨어. 그 전 전번에두 그랬구.

경주   피곤해서 잔다구 했잖아.

경란   그때 안에 누구 있었어 야. 누구 등신여?

경주   생사람 잡지 말구 일 끝났으면 잠이나 자요. 피곤하지두 않어?

경란   너 당황해서 디디거렸잖어 지비배야.

경주	그런 적 없어… 알아주는 상상력이라니까 암튼.
경란	괜찮어 얘기해. 이혼남이면 어떻구 상처한 자리면 어때. 나이가 있는데 차례 올 총각이 어딨어. 그건 우리두 다 같이 포기해야 하는 거구. 아니, 말은 안 하지만 벌써 다들 포기하구 있을걸? 그러니까 내놔. 빨리 내놓구 아부지 걱정덩어리 면해 이것아.
경주	……
경란	애가 딸려 있는겨?
경주	…
경란	애까지 딸려 있으면 좀 곤란한데… 전실 자식 키우는 자리에 가는 건 좋달 형제 없을 거다 아마.
경주	…
경란	몇이나 딸려 있는데… 하나? 둘? … 셋이니?
경주	그런 거 없어 언니. 무슨 전실 자식까지 나오구 그래. 아무두 없다니까.
경란	히익 / (경주 쪽으로 돌아앉으며) 혹시 유부남 아냐 너?
경주	?
경란	아니면 왜 그렇게 잡아떼. 있는 거 확실한데에.
경주	(벌떡 일어나 앉으면서) 대체 무슨 근거루 확신하는 거야. 아무두 없다니까아.
경란	있잖아아.
경주	없어어어어. 없다구 없어 없어.
경란	…… (보는 / 진짜 없어)

경주	있으면 왜 안 내놓겠어. 벌써 내놨지.
경란	유부남이니까 못 내놓는 거 아니냐구.
경주	… (보는)
경란	부적절한 관계니까아.
경주	내 사생활야 언니. 형부 문제나 신경써. 내 일은 내가 알아서 할 테니까.
경란	어머, 애 진짜가부네에? 너 진짜 유부남하구 노는 거 아녀?
경주	(O.L 기분) 유부남 아냐. 이혼남야. 애가 넷이나 있어. 됐어?
경란	야아아아 하나두 많은데 네엣? … 아니 그 남자는 알만 깠다 니? 그런데 애를 넷씩이나 난 여자랑 왜 헤진겨? … 엉?
경주	그만 얘기할래.
경란	(O.L) 너 당장 끝내. 그 자식 그거 인간성이 아주 형편없는 눔 여. 자식을 넷이나 낳아준 여자랑 이혼한 눔 그거 볼 거 없다 너. 자식이 넷이면 아닌 말루 여자가 아무리 개차반이라두 애 들 봐서 이혼은 하는 게 아녀. 애덜 생각을 해야지이이 응? 안 그려? 당장 끝내.
경주	끝냈어, 걱정 마.
경란	… ? 언제?
경주	오늘… 오늘 끝내구 왔어.
경란	잘했네. 너 그건 잘했다. 그건 희망 없는 눔여. 강아지 새끼 키우 는 거두 아니구 전실 자식을 넷이나 아이구야아아아 미치겠네.
경주	… (도로 눕는)
경란	야, 니 방송국에서 건질 만한 눔 그렇게 없냐? … 잘난 여자는

연하두 잘 낚더구만 누구 없어? (하는데)

무길   (E) 여보. (마루에서 자는 사람들 때문에 소리 죽여서)

경란   ? ··· 왜애.

S# 24 거실

무길   (E) 잠깐 나와봐.

경란   (문 열고) 왜 속살거리구 그래? 왜애.

무길   잠깐 나가서 바람이나 쐬자구.

경란   잠잘 시간에 그리구 춘데 무슨 바람이야···

무길   형님이랑 처남 술 마시구 있는데 잘 수가 있어야지.

경란   아 그럼 같이 마셔.

무길   둘 다 아무 말 안 하구 숨통 막혀 술두 안 받어.

경란   둘 다 벙어리야?

S# 25 남자들 방

경서   ··· (마시고 형한테 술잔 놓아주고 따른다) ······

경환   ··· (술잔 내려다보면서) ······

경서   ······ (가만히 형 보는) ···

경환   ······

경서   (술상으로 시선 내리며) 형만 재미없는 거 아니에요.

경환   뭐가.

경서   형수 말이에요.

경환   (술잔 들어 한 모금 마시고 내리고) ··· (또 묵묵히) ···

경서	사람 차암 재미없어요. 관계라는 거두 참… 별 볼일 없는 거
	구… 사람들이… 언제 이렇게들 망가졌는지 모르겠어요. 이기
	적이구 무책임하구… 몰인정하구 뻔뻔스럽구…
경환	(문득 돌아보며) 허서방 어디 갔니?
경서	좀 전에 나갔어요.

S# 26 집 밖

S# 27 무길의 자동차 안

경란 껴안으려 애쓰는.

경란	(밀어내면서) 미쳤어어어. 누구 나오면 어떡할라구.
무길	나오기는 누가 나오와아. 나올 사람 없어어.
경란	아이 차암?
무길	가만있어어어 가만있으면 되잖아아.
경란	받자아 하니까 아주 싸구려 취급야. (밀어내며) 떨어져어. 얘기
	나 하자더니 이게 얘기야아? … (무길 손이 기어들어오는지)
	아아 / 싫다니까아? (손 때리며)
무길	얘기는 나중에 하면 돼애. 가만있어어.
경란	점잖지 못하게 이게 뭐야아. 엄마 제사 모신 날 이러는 거 아니
	잖아어.
무길	장모님두 좋아하실 거야. 당신 딸 이렇게 사랑하는데 싫어하실
	게 뭐야. (하다가 손 물려서) 아아아악.
경란	덤벼. 닥치는 대루 물어줄 테니까 덤비라구.

무길   하아아아… (아파서)

경란   덤비라니까? 덤벼.

무길   개 어멈이라 그러니 정말 독하게 문다. 피나는 거 아냐 이거?
        응? (물린 데 들여다보고) … (룸 라이트 켜며) 당신 광견병 주
        사는 맞었어?

경란   ? 허 내가 개야?

무길   어 참 개는 아니지. 피는 안 나네… (쓱쓱 비비고 돌아보며) 당
        신두 싫지는 않잖아.

경란   주책 떨지 말구 할 얘기 없으면 나 들어가 잘겨. (내릴 테세다)

무길   (잡으면서) 특별하구 좋잖아아.

경란   들키면 무슨 개망신인데에.

무길   망신은 무슨… 내 마누라 데리구 내 차에서.

경란   누가 당신 마누라야 누가.

무길   아 아버님두 허서방, 허서방 하시는데.

경란   (O.L) 정신 차려. 아부지 허서방 허서방 하구 애들 매형 형부
        하니까 다 끝난 거 같어? 여보세요 왜 이러세요. 당사자는 납니
        다… 소란 떨기 뭐 해서 눈 깍 감구 참어주니까 아주 / 서울 가
        면 국물두 없어 만나주기나 할 거 같어?

무길   … (보며)

경란   아 징그러. 왜 그렇게 능글맞게 봐아?

S# 28 남자들 방

경환   …… (술잔 비우고 잔 경서 앞에 놓는데)

경서   (술상 내려다 보는 채) 혀엉……

경환   (술병 놓고 본다) ……

경서   …

경환   ? … 뭐.

경서   세현 엄마… 딴 사람 생긴 거 같아요.

경환   ? ……

경서   ……

경환   설마아…

경서   ……

경환   근거가 있는 소리야 아니면 너 혼자 괜히… 너무 오래 떨어져
       있었어… 부부두 너무 길게 떨어져 있으면 감정적으루 서먹해
       질 수두 있구.

경서   그런 거 아니에요.

경환   ? … 딴 사람 생겼다구 본인이 그래?

경서   그런 건 아닌데 여름에 나 / … 갔다가 나흘 만에 온 적 있죠.

경환   … 병원일 때매 온 거 아냐?

경서   사람이 변했더라구요. 전하구 달라져 있었어요. 대하는 태도며
       말하는 거며… 아무거두 없이… 의무만 하는 거 같은 느낌 있
       죠 왜…

경환   글쎄 너무 오래 떨어져 있으면…

경서   그런 거 아니라니까요. 도착한 날 한밤중에 자다 일어나보니까
       거실에서 혼자 소리 죽여 전화를 하구 있는데… 그랬어요… 예
       사 전화가 아니드라구요.

경환	…… (보며) 안 물어봤어?
경서	모르는 척하구 일정 당겨 들어왔어요.
경환	그냥 그렇게 들어와 찜찜해서 너 어떻게 살어.
경서	(쓰게 웃으며) 아는 척하기가 겁나서요… 그 사람 거짓말 안 하거든요… 추궁했다가 사실이라면 내가 추태 부리게 생겼구… 형 나는 / 실패하구 싶지 않아요.
경환	… (보며)
경서	남 못 쥐요… 헤지자는 소리 할까봐 전화할 때마다 떨어요.
경환	나두 못났지만 너두 참 못났다…
경서	…
경환	누가 보내는 돈으루 공부하구 있는데 그래… 애까지 딸려 유학 보내는 거 누구나 하는 짓야?
경서	잠시 방황할 수두 있다구 생각해요.
경환	뭐?
경서	절대 있을 수 없는 일은 아니에요.
경환	야!
경서	…
경환	안마.
경서	내가 그 사람 / 많이 사랑하는 모양이에요.
경환	… (보며)
경서	헤지자 그럼… 죽여버리구 말 거에요.
경환	… (보며)
경서	(쓴웃음) 지금 마음은 그래요…

경환   (고개 옆으로 틀면서) 후우우우우우 (답답한 숨 토해내는)

S# 29 차 안

엉겨 붙어 있는 두 사람.

S# 30 남자들 방

경서   (한 손 눈에 붙이고 울고 있는 / 간간이 호흡만 새는)

경환   (술상 문께 치워놓고 이부자리 펴는 중이다) 야 야 누워… 취
        했어. 자. 응? (건드리며)

경서   스으으으으 (숨과 울음 들이마시는)

경환   (어깨 잡아서 쓰러트리면서) ……

경서   (쓰러트려져서) …

경환   (바지 벗기는)

경서   (벗기도록 도와주면서) 응응응응…

경환   (상의 벗기는)

경서   응응응응…

경환   (덮어주는데)

경서   (울면서) 지가 나한테 어떻게 이럴 수가 있어요 형. 응? 어떻게
        이럴 수가 있냐 말야아.

경환   다시는 입 밖에 내지 마. 괜히 난리나.

경서   (불끈 일어나 앉으며) 이시. 나는 왜 술만 들어가면 울구 싶으
        냐구우 시이.

경환   … (보다가 측은해서 동생 어깨 안아 두드리면서) ……

경서   잉잉잉잉… 잉잉잉잉…

S# 31 거실

한동안 사이 두었다가.

경환   (술상 들고 나와 주방으로 갖다놓고 되돌아 나오다가 문득 멈추어 바닥 내려다보면서) …… (우두커니 있다가 움직이려다가 경택 내외 보고 그쪽으로) 경택아, 애 경택아. (좀 건드리면서)

경택   어? … 어… (하고 깨서는 엎어져 있는 아내 흔들며) 이 사람. 여보 여보.

혜자   (깬다) 응… 어, 왜 뭐 줘요.

경환   들어가 자. 왜 방 두구 그래. 제수씨두 들어가 자요.

혜자   네에 안녕히 주무세요. (아웃)

경택   (상관없이 얼굴 비비며) 어어어 잤네에. (일어난다) 또 딴 일 벌어진 건 없죠?

경환   없어.

경택   술 또 마셨수? 냄새 나. (하고 움직이는데)

경환   야 잠깐 있어. (냉장고로 가서 물병 꺼내고 컵 하나 집어서 나와 경환 주며) 갖구 가.

경택   어. (받아 들고 남자들 방으로) ……

경환   … (잠시 보다가 마루문 / 현관문 단속하는) ……

S# 32 집 밖

경란   (웅크리고 집으로 움직여 오면서) 어림없는 소리 마. 천하 없어두 한집에서 사는 건 안 해.

무길   쓸데없이 여관비 내면서…

경란   (집 보고 깜짝) 어머, 불 꺼졌어 여보. 문 잠그구 다 들어갔어
어. 어떡해애.

무길   삼 초 전에두 켜져 있었어. (하고는) 아아아아아 신라에 바암
이여어어어…

S# 33 거실

경환   (거실 불 끄고 아버지 방으로 가다가) ? … (현관으로 가서 문
여는)

무길   (노래 경환 움직임과 상관없이 계속하다가 문 열리자 헤헤 들
어온다) 형님이셨어요? 아직 안 주무셨어요?

경환   안 춰?

무길   예, 싸알쌀한데요? 기온이 팍 떨어졌나봐요… 들어와 뭐 해.

경란   (시침 빽 / 들어오며) 밤낮 씨두 안 먹히는 얘기 / 체. (하고 여
자들 방으로)

무길   헤… 하하하 흐.

경환   어이 자. (안방으로)

무길   네 주무세요.

S# 34 안방

경환   (들어와서 어둠 속에서 조용히 이부자리 꺼내 아버지 깰까봐
조심조심 펴고 이부자리 위에 앉아 우두커니) …… (언제까지

라도 그러고 있을 듯) ……

아버지   눕지 왜 그러구 있는겨.

경환   안 주무시구 계세요?

아버지   (일어나며) 늙은이 잠 젓들리면 쉬이 안 와… (스탠드 켠다) …

경환   … (보며)

아버지   금방 잘겨?

경환   아뇨. 왜 그러세요.

아버지   침침햐. 불 좀 켜…

경환   (일어나 전체등 켠다)

아버지   자꾸 침침해져 자꾸…

경환   … (앉으며 보는)

아버지   (담배 그릇 당긴다) …

경환   (얼른 라이터 들어 켜주고)

아버지   (불 댕기는) ……

경환   … (아버지 보는)

아버지   성진이 눔은 으떻게 된겨.

경환   에미가… 극구 싫다네요.

아버지   … 자식 이기는 부모 어딨어… 저 좋다는데 말려봤자 기운만
         빠지구 지 마음이나 다치지. 쯔쯔쯔쯔…

경환   …

아버지   (한 모금 내뿜으며) 섭섭하게 굴어두… 그러려니 하구 살어…

경환   (보는 / 한 화면에서)

아버지   에미는 에미대루 또… 할 말이 많을겨…

경환　… 예에.

아버지　세상에 지가 나쁘다는 사람 봤냐? … 읎어어… 저마다 다… 저
　　　는 잘못한 게 하나두 읎구… 저마다 다 지 인생만 불쌍하구…
　　　다아 딴 사람이 나 몰라주는 게 섭섭한겨.

경환　… (바닥으로 시선 내리며) …

아버지　술은 좀 줄여… (아들 돌아보며) 뭐 존 거라구 술을 그렇게 먹
　　　어댜…

경환　많이 먹지는 않아요.

아버지　누가 좋댜… 경란이두 걱정햐.

경환　… 에에.

아버지　…… 마음먹은 대루 되는 게 어디 있어? … 마음대루 되는 거
　　　하나두 읎어. 인생이라는 게… 길게 살다보면… 참… 평생 짐
　　　만 나르다 죽는 당나구나 소나… 똑같구나아 그려… 너머 많이
　　　고생하구 수고하구… 애 끓이면서 죽을 둥 살 둥 당나구 모양
　　　허덕거리다가 무릎 꺾어져 주저앉어두…… 수고했다는 이두
　　　읎구 안됐다는 이두 읎구… 뭐 때매 뭐 위해서 그라구 살았나
　　　아아… 참 헛김 빠지는 일이지만 그게 인생여. 너 남 할 거 읎
　　　이 누구나 다 그려…

경환　…… (가만히 보며)

아버지　그런 거려니이… 그저 이런 거려니이 하구… 끝탕 말구 담담하
　　　게 살어. 몸 상하구 마음 상할 거 읎어… 섭섭할 거두 분할 거
　　　두 읎구. 섭섭해 하려거던… 한평생 너머 많이 수고만 하게 하
　　　구… 서글픈 마음밖에 받는 게 없는 인간루 너를 만들어 내

보낸… 하늘에다 섭섭해 햐.

아버지 (두 사람, 마주 앉지는 말고 아버지가 한 무릎 앞 / 아들 한 무릎 뒤 옆) 나는 다시 태어나두 사람은 안 될겨… 나무루 태어나구 싶어… 은사시나무루.

경환 …… (가만히 보며)

아버지 재미 읎는 거 그만 살구 얼렁 떠나구 싶은데… 그거두 마음대루 안 되는 일이구… 두구두 못생긴 게 부모라… 북망 갈 날 코앞에 두구두 니덜이 걱정여.

경환 … (시선 내리며) 죄송해요 아부지.

아버지 경란이… 몸 약한 니 어머니 대신 중학교 일학년 때부터 집 살림하면서 큰 애여. 경택이 눔은 공부에는 뜻이 없던 눔이었지만 경란이는 힘두 부치구 살림할 사람두 읎구 그래서 주저앉혀 꺾어버린 게… 늘상 미안하구 안됐어… 내가 보면 니덜 경란이한테 잘못햐.

경환 …

아버지 (아들 쪽으로 고개 조금 틀면서) 나 죽으면 경란이 몫이 니덜 생각보담 많을겨…

경환 … (보는)

아버지 그거 때매 형제간 의 나지 않게 역할 자알 햐. 특별히 부탁하는겨.

경환 알어들었어요 아부지.

아버지 …… (가만히)

경환 ……

아버지 ……

부자 ……

(F.O)

S# 35 집 전경 / 아침

혜자 밥상 하나 들고 나와 놓고 / 무길 바닥에 어지러진 것 한
편으로 치우고 / 경택 좀 큰 상 들어다놓고 목에 건 수건으로
귓구멍 닦아내고.

경란 (쟁반에 반찬 들고 나와 큰 상에 놓기 시작하고)

혜자 (쟁반 들고 나와 작은 상에 반찬 놓고) …

경택 경주 안 일어났어?

혜자 (늘어놓으며) 일어났어. (작은 소리로)

경택 기집애가 / 가만 앉아서 똑딱똑딱 받어 먹기만 하구 저러니까
시집을 못 가지 저거.

경란 얘, 걔두 피곤하구 슬퍼. 내버려둬.

경택 뭐가 슬퍼?

경란 아 시집 못 가구 있는 게 슬프지이… (두 여자, 다음 일을 위해
주방으로)

경주 (나오면서) 굿모닝 / 안녕 / 화장실 비었어?

경택 경서 들어가 있어.

경주 어. (도로 들어가려)

경택 상 차리는데 어딜 들어가.

경주 경서 오빠 있다면서 / 가방 먼저 챙기려구. (하고 방으로 들어

가는데)

경서   (E) 으애액 으애액 / (칫솔질하면서 구역질하는)

경택   저 저식은 저거…

무길   왜 그러죠? 과음했나?

경택   아, 쟤 칫솔질 하면 저래요.

무길   아, 그럼 간이 나쁜 거야… 간 체크하라 그래애.

경란   (다른 쟁반 국 쟁반 들고 나오며) 혓바닥 닦는다구 칫솔을 목
       구멍까지 딜이밀어서 그래. 구역질 안 할 재간 없어.

경서   (E) 왜액… 왜애액…

경택   야 대충 해둬어. 밥상 나왔어 인마아.

무길   저 간이 나쁜 건데에에 /

경란   자기가 의사해라. 아니라니까아? 경서야, 빨리 나와아.

경서   (E) 나가요오.

경란   오빠아… 아침 먹어요오.

경환   (E) 그래 알었어어.

S# 36 안방

경환   (아버지한테 폴라 스웨터 입혀주고 있다) …

아버지   … 누구 꺼야?

경환   경서가 갖구 온 거 같아요… (세트로 가니선까지. 가디건 집으
       며) 물건이 그래요. 따뜻하겠어요.

아버지   홀애비 아닌 홀애비 그눔두 딱하구우우…

경환   … (목 언저리 만져주며 보는) …

아버지	그래두 다 됐댜. 이번에는 끝낸댜.
경환	네에.
아버지	경주년은 무슨 기미 읎는겨?
경환	별소리 못 들었어요…
아버지	답답한 물건… (하고 일어나려 궁둥이 들썩하는데)
경환	저기요 아버지…
아버지	?…
경환	저… 내려와 있으면 어떨까 하는데요.
아버지	… 왜…
경환	그저… 그러구 싶어서요… 서울에 뭐 딱히 할 일두 없구… (남아 있는데)
아버지	(O.L의 기분) 그러지 말어. 여기 내려와 있기에는 아직 일러… 오기 부리지 말구 에미 잘 다독거리면서 잘하구 살어. (하고 일어나 나간다)
경환	(따라 일어서 나가는 아버지 보며) …

S# 37 거실

경란	성진이 잘 도착했다는 전화 왔수?
경환	아니.
경란	나쁜 눔. 벌컥 뒤집어놓구 갔으면 전화라두 해얄 거 아냐. 잘 도착했다, 죄송하다.
경택	그눔두 속상하지이이.
경란	언니는.

경환	…
경란	운전 경력 십 년에 잘 갔겠지 뭐.
경택	(O.L 뜬금없이) 저기요 아부지… 진짜 여기 이러구 계실 게 아니라 서울루 옮기시는 문제 심각하게 한번 생각해보세요…
경란	어디 가 계시구… 오빠네 더더구나 썰렁하구 뭐 /
경택	(O.L) 그래서 생각해 봤는데요 /
아버지	필요 읎어. 혼자 사는 데 지장 읎는데 뭐 하러 서울엘 가.
경택	그러니까요. 아부지 혼자서두 잘하구 사시니까 그걸 고대루 서울루 옮기자구요. 즈이두 뭐 장사하면서 아부지 시중 들기 솔직히 어렵구 형네 그렇죠 경서 홀애비죠. 그렇다구 경주 오피스텔루 가시겠어요 개천지 누나네 가서 개똥이나 치우시겠어요? 우리 집 근처에 아파트 하나 만들어서 파출부 아줌마 한 사람 부르구 아버지 혼자 사세요. 그러면 되잖아요?
경란	그거 괜찮겠다아. 그럼 우리 아부지 보러 다니기두 편하구 응? 오빠.
경환	(그냥 아버지 보는)
경택	서울 가시면요 아부지 티비두 수십 개가 나와요. 케이블 티비가 있어서 하루 왼종일 영화만 하는 채널두 있구요, 아 바둑 채널두 있어요 아부지.
경란	반찬 해 나르기두 좋구 그리구 일주일에 하루는 다 같이 모여 밥두 먹구요.
경택	애들두 보시구 좋잖아요 네? 편찮으시면 경서가 제까닥 병원으루 모실 거죠 / 입원실 없는 게 어딨어요. 들어 있는 환자 내

쫓구라두 아버지 병실은 있지. 너 왜 암 말 안 해?

경서   아버지가 하신다겠어요? 형들 집으루 모신대두 안 움직이실
        텐데 아파트에 아부지 혼자 뻘쭘하니… 그러려면 여기 계시는
        게 차라리 낫지 답답해서 못 사세요.

경택   이 자식 초치는 데는 좌우간…

무길   집사람하구 합치면 장인어른 제가 모시구 살어두 되는데요.

아버지 쓸데없는 소리들 말구 어이 먹구 느이 어머니한테나 가봐… 바
        짝 쳐진다… 얼렁얼렁 하구 올라가들.

경택   아부지.

아버지 (O.L) 나는 새소리 바람소리 안 듣구는 못 살어. 서울 좋다 소
        리 하는 거 들어봤어? 사람 살 데 아녀…… 아 그리구 니 엄마
        하구 평생을 보낸 여기를 어떻게 떠… 이 구석 저 구석… 니 엄
        마가 다 배어 있는데… 그 사람 쓸쓸해서 안 돼.

자식들 … (아버지 보며 있는데)

혜자   어머님은 차암 행복하신 분이에요… 돌아가시구두 저렇게 사
        랑을 받으시니 얼마나 행복하세요.

경택   우리 엄마 아부지는 원래 평생을 서루 바라마아안 봐두 좋은
        분들이었어.

경란   흐흥… 참 평생 골골하는 아내 우리 아부지처럼 떠받들구 산
        양반 안 흔할껴. 딸 팔자는 엄마 닮는다는데 나는 어떻게 된 게
        그런 건 안 닮구 사고뭉치 만나 오그랑 쪽박인가 몰라.

무길   당신은 우선 아프지를 않잖어어어.

경란   ? (흘기고)

혜자   호훗 / …

S# 38 집 밖

모두 제각기 차 타고 있다.

경택   (운전석 유리문으로) 그럼 제가 먼저 출발하께요.

아버지   그려.

경택   해 바뀌어 구정에나 뵙겠네요. 서울 올라오시구 싶으면 언제라

두 오세요. 지가 때깔나게 모시께요.

경란   아부지 춰. 얼렁 떠. (제 차에서)

혜자   아버님 그럼…

경택   (유리 열고) 경서 너 산소 가는 길 알지?

경서   왜 그래애. (운전석에서)

경택   너 밤낮 헤매잖어.

경란   오빠 있잖어, 빨리 떠.

경택   오케이 갑니다 아부지.

아버지   가아. (붕 경택 차 뜨고)

무길   (제 차에서) 아버님 건강하십시오.

아버지   (끄덕이며) 그려.

경란 무길 차 나가고.

아버지   너두 어이 타.

경환   감기 조심하세요.

아버지   걱정 말구…

경환   (자동차로)

경서   (운전석에서) 오늘은 산책하지 마세요. 갑자기 추워져서 감기

들기 십상이에요.

아버지   알었어. 하라는 대루 하게.

경서, 경환마저 부우우웅… 나가는.

아버지   …… (보면서) ……

멀어져가고 있는 차들.

아버지   …… (한정 없이 보다가) 똘아아… 똘이 어디 있는겨어…

S# 39 청소하는 아버지 / 정지화면으로 ///

S# 40 쓰레기봉투 들고 집에서 나오는 아버지… 정지 /

S# 41 낙엽 태우는 아버지… 정지

S# 42 똘이 데리고 산책하는 아버지… 정지

S# 43 티비 켜놓은 채 앉아서 졸고 있는 아버지… 정지

S# 44 은사시나무숲 사이로 보이는 집 전경

끝

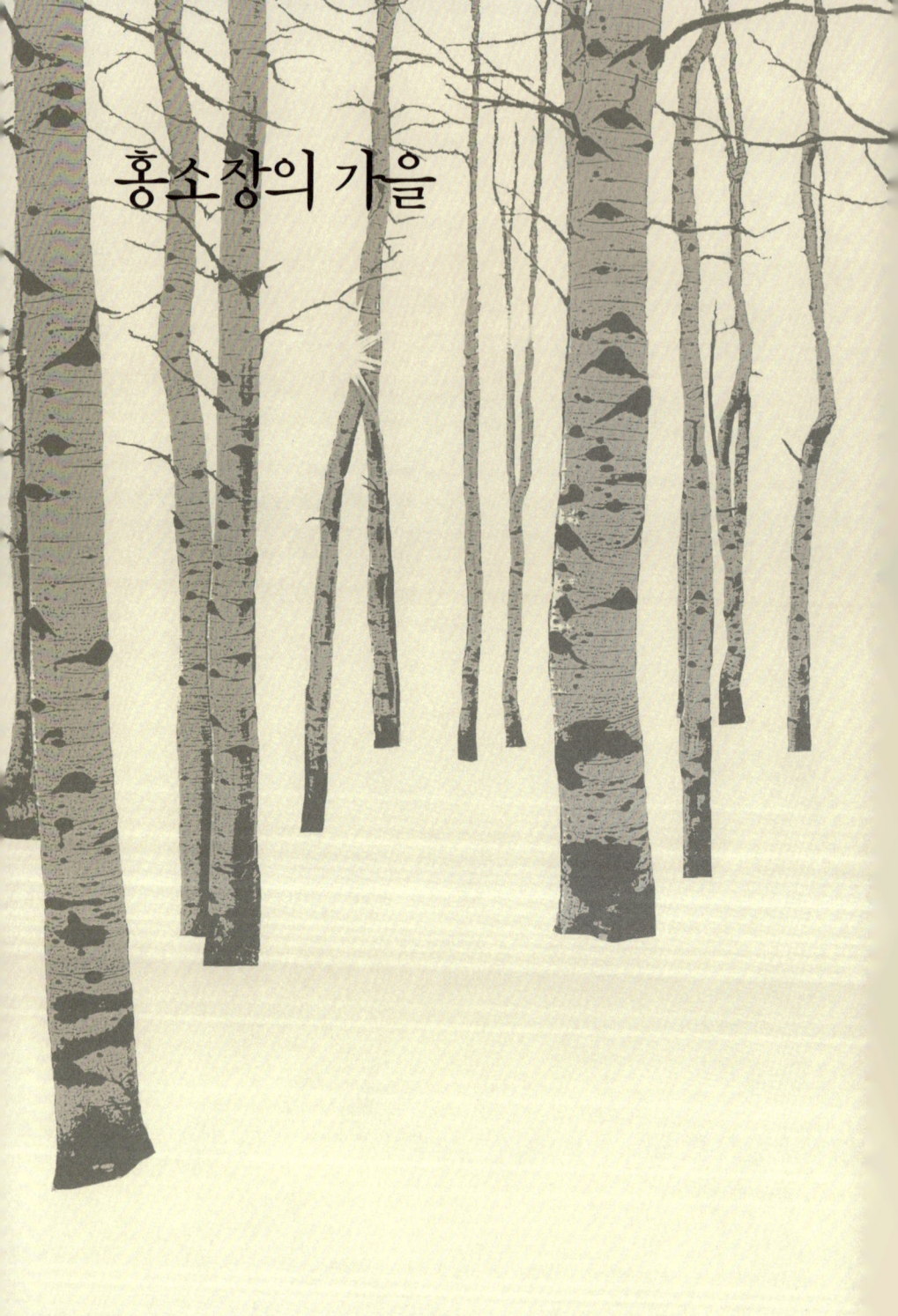

홍소장의 가을

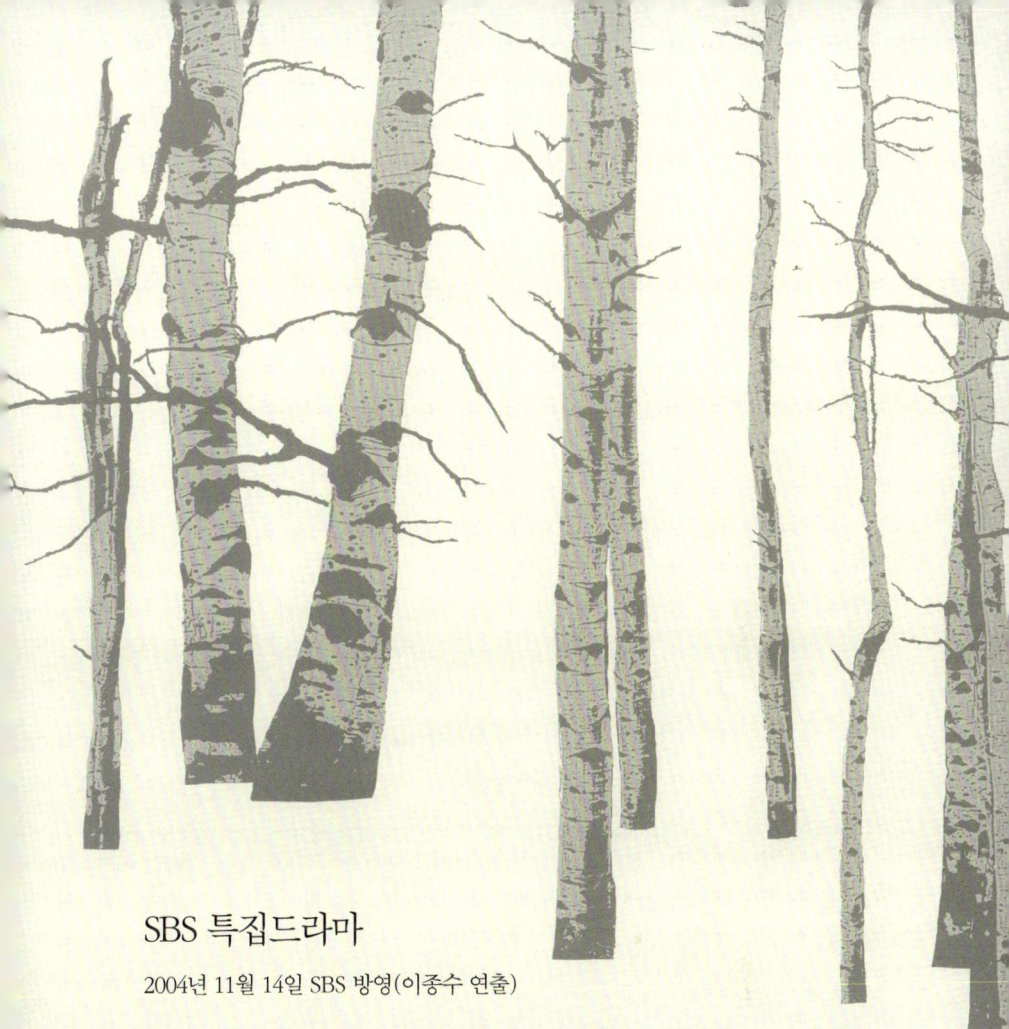

SBS 특집드라마

2004년 11월 14일 SBS 방영(이종수 연출)

파출소 소장으로 정년퇴직해 연금으로 살아가는 60세 홍상수, 이제는 늙어서 자신을 챙겨야 한다면서 아들 결혼식 축의금을 아들 내외에게 주지 않는 홍소장의 아내, 퇴직과 동시에 사회와 가족으로부터 소외당하고 경제적 사형선고를 받은 가장이 많은 오늘의 현실이 홍소장 부부의 눈에 가감없이 투영된다.

그리고 대기업 임원으로 일하다 회장 사후에 권고사직을 당해 좌절하는 홍소장의 동생인 상준, 아내와 끊임없이 다투고 아이들에게도 소외당한 쓸쓸한 중년 가장의 모습이 적나라하게 표현되어 있다.

출연 : 최불암, 김혜자, 임채무, 박정수, 김정현, 맹상훈, 양희경, 최정원 외

{ 등장인물 }

홍상수   60세. 정년퇴임한 전직 파출소 소장
허영숙   56세. 상수의 아내
홍금실   42세. 상수의 여동생
홍상준   52세. 상수의 동생
홍세일   30세. 상수의 아들
수　미   30세. 세일의 아내
홍세영   상수의 딸
안서방   세영의 남편
혜　주   50세. 상준의 아내
마서방   45세. 금실의 남편, 상수의 매제

제1부

S# 1 부암동쯤의 어느 경사가 제법 있는 골목길
　　설악 단풍이 한창인 때… 햇볕이 쨍한 한낮의 다소 느른한 골
　　목풍경.

S# 2 그 골목 입구로 중형 자가용 한 대가 올라가고 있다.

**S# 3 골목을 다 올라가면 중형차가 한 대 서 있고 / 막다른 집 대
　　　문은 열려 있다.**

S# 4 다 올라온 중형차 앞을 골목 밖으로 향하게 주차 시작하는데…

S# 5 차 안

혜주   (세련된 미모 / 40대로 보여도 무방하다. 짜증이 있는 대로 난
      상태. 인상 박박 쓰면서 주차하는 중) … (주차 마쳐놓고 일단
      운전대에 손댄 채 앞 노려보며 가만히) …… (한참 동안 그대
      로 있는) …… (그러다 머리받이에 아예 머리 기대고) ……

S# 6 상수의 마루

점심 먹은 상이 치워지고 있는 중.

제사상으로 쓰는 묵직한 교자상에서 더럽혀진 종이를 걷어내
는 상수. 그러는 한편 아들 세일은 욕실에서 걸레그릇 들고 나
오는 중인데, 그 안의 걸레 몇 개가 백옥 같다. 물에 담가 비틀
어 짠 걸레들.

같은 그림에 홍상준 사장은 꿔다놓은 보릿자루 모양 한편으로
물러나 마룻바닥 보며 앉아 있고, 세일의 아내 수미는 어정쩡
하게 서 있다가 세일이 나오자 돌아보는데.

마서방, 상수 도와 종이 같이 걷어내면서.

마서방   (상수에게 슬그머니) 나가죠 형님. 나가서 한잔 더…

상수   (중얼거리듯) 좋아라 안 할걸.

세일   (마침 종이 다 걷어내자 걸레 들고 덤벼드는데)

상수   아 야 행주 행주.

세일   아 참. (걸레그릇 놓는데)

마서방   (세일에 연결) 짜식, 너 얼 빼서 제주도 놓고 왔냐?

세일   (그냥 웃고 부엌 쪽 복도로 움직이는데)

S# 7 부엌

거실과 부엌은 복도를 두고 약간 돌아가는 듯한 느낌. 따로 지어 붙인 듯 바닥이 집 본채보다 한 걸음쯤 낮고, 시멘트에 오톨도톨한 비닐 장판이 깔려 있다.

금실 (먹고 난 그릇들의 음식 남은 것 정리 중. 찌끄러기 정도는 비닐에 버리고 / 버려진 것들 이미 비닐에 꽤 들어가 있고, 더 먹을 수 있는 부침이나 그런 종류는 새 그릇들에 옮겨 랩으로 덮는 중이다. 화면 시작과 동시에) 아니이 양심이 없어두 이건 보통 없는 거래야죠 엉? 오빠한테 시집와 자기가 펴엉생 한 게 뭔데. 물 쓰듯 돈 쓰구 산 거밖에 뭐 있어 말이야 바른말루. 안 그래요? (보며)

아내 (금실이 집어넣은 그릇들 수도 졸졸 틀고 씻으면서) … (묵묵히)

금실 (반응 없자 꾸덜거리는 톤이 되어) 고생했대봤자 뭐, (하는데 세일 쑥 상체 들이밀며)

세일 행주 주세요.

금실 엉… (냉큼 행주 집어주고 세일 아웃되고) … 고생? 고생 구경을 못했네. 난 코딱지 월셋방으루 시작했는데 그래두 큰오빠가 그 집은 전세 얻어줬잖아요. 자기두 전세살이하면서.

아내 (안 돌아보며) 아이구, 그거두 코딱지긴 마찬가지였어요오.

금실 (힐끗 한 번 보고) 그 집 코딱지가 내 코딱지 누 배는 됐어요. 일단 방이 두 개였으니까. 그리구 전세랑 월세가 어떻게 같아요.

아내 (피식 웃으며) 애기씨는 출가외인이니까… (좀 놀리듯 보고)

금실 ?? (약 올라 보고)

아내   (무마하듯) 아이 고모부가 잘 벌어서 금방 불 일듯 일었는데
        뭐얼…

금실   결혼해 기껏 사오 년? 작은오빠처럼 잘나간 사람 흔해요? 회장
        님한테 기획실루 뽑혀가구는 자구 일어나면 승진 또 승진, 나
        이 마흔에 사장까지 올라갔는데 그 월급에 그 보너스에… 말구
        두 뭉텅뭉텅 목돈 생기구… 게다가 작은오빠가 또 주식으루 간
        간이 얼마나 재미 봤는데에…

아내   글쎄, 그냥 가만히 껴안구만 있었어두.

금실   (돌아보며) ……

아내   애들 아버지두 그렇게 불 끄듯 말렸구먼.

금실   … (잠시 보다가 좀 반발하듯) 평생을 새벽 여섯 시 반에 나가
        한밤중까지 뛰던 사람이 나이 쉰에 어떻게 두 손 두 발 묶구 처
        박혀 있어요. 죽으라는 거지.

아내   그러게 말이에요. (찻물 끓기 시작한 삐삐주전자 소리에 주전
        자 쪽 잠깐 돌아보고 찻잔 준비로)

금실   그리구 뭐 자기가 펑펑 쓰기나 했지 일 원 한 푼 벌어들인 거
        있어요? 오빠가 번 돈 오빠가 날린 건데 (하는데) 뭐 말이 많구
        탈이 많어.

상수   (불쑥 들이밀며) 애. (눈이 곱지 않다)

금실   깜짝이야. 놀래 죽겠네.

상수   (행주 적당히 던지며) 제수씨 왔어.

아내   (준비하며) 알았어요.

상수   (아웃되고)

아내	나가봐요. 괜히 또 혼나지 말구 가아 있어요.
금실	(입 실룩이면서도 행주에 손 닦는다)

S# 8 거실

상수 복도 쪽에서 나오고 세일은 마루 훔치고 있고, 마서방은 마루 훔치는 것 끝나기 기다리고, 교자상은 아예 제자리에서 벗어나 있다. 수미는 아직도 어정쩡하게 서 있고, 상준은 거실 마루 끝쯤 앉아 마당 멍하니 보고 있고.

혜주	(선 채로 / 화면 시작과 동시에) 그래… 허니문은 허니문처럼 보냈어?
수미	네.
혜주	날씨는?
수미	반은 좋았고 반은 비 왔어요.
혜주	거기가 원래 그래.
마서방	(다 닦았나 싶어 교자상에 들러붙으며) 야 대충 해 대충.
세일	엄마한테 죽어요. 아버지 잠깐요. (상수 밀게)
상수	(비켜주고)
금실	(차 쟁반 들고 나오다 보고) 얘 아가.
수미	? … 네, 저요?
금실	너 말고 여기 아가 누가 있어? 그런데 너 손님으로 와 있는 거나?
상수	쯧. (세일도 눈치 보고 눈치 주며 상에 달라붙고 마서방과 함께 들어 원위치 한다.)

금실	어른이 일하시는데 며느리가 여기서 뭐 해?
마서방	여 (여보 부르려 하는데)
금실	(상관없이) 그림같이 서 있더라도 저기 가 서 있어. 원 설거지가 산이구먼.
상수	얘 관둬. 갈 거 없어. 설거지 이따 내가 하면 돼. 그냥 있어.
수미	(대꾸 없이 그냥 주방 복도로)
상수	그냥 있으라니까아.
금실	(옆에 선 오빠 다리 툭 치면서) 가만 계세요.
세일	(눈치 보다가 걸레바구니 들고 화장실로)
상수	(세일의 움직임과 상관없이 연결) 니 집두 아닌데 왜 감 놔라 대추 놔라야.
금실	(찻잔 벌여놓으면서) 앉기나 하세요.
	(E) 화장실에서 걸레 빠는 물소리.
마서방	(벌써 상 치우느라 아무렇게나 모아져 있던 방석 내면서/역시 물소리와 상관없이 연결) 앉으세요… 앉으세요. 형님 앉으세요. 작은 형님도 이리 오세요.
상수	(아우 보면 아우는 대꾸 없고) … 얘 이리 와아.
상준	……
상수	안 와?
상준	(마지못해 무겁게 일어나 움직이고) 적당히 앉는데.
금실	(인스턴트 커피 만들면서) 잘 쳤어요?
혜주	? 신경 쓰이는 일 있으면 잘 안돼요.

금실	(투덜거리는) 신경 쓰이면 가지를 말지.
마서방	글쎄 골프는 그런 게 아니라니까아.
금실	아, 당신은 아는 척 말아요. 장사 안돼 죽겠는데 당신두 공 다 쳤어, 이제에?
마서방	알었어 알었어.
혜주	오래전 선약이었어요.
금실	무슨 대통령하구 약속이었수?
혜주	(묵살하고)
상수	(금실에게 눈총)
금실	(걸레 빨아놓고 나와 아직 부엌인가 어정쩡하게 그쪽 보고 서는 세일 힐끗 돌아보며) 재 공주냐?
세일	에에이 고모. (금실 양 어깨 잡으며 / 들을까봐 소리 줄여) 아직 낯설어 그래요오.
금실	(잡힌 어깨 털며 / 그래도 같이 소리는 줄인다) 시끄러 이눔아. 안 그래두 니 엄마, 저 먹은 커피잔도 고대로 개수대에 얌전히 넣어놓고 간다구 첨부터 별루였어.
상수	거참. 오만 참견 다하네.
금실	기본은 돼 있어얄 거 아네요.
상수	글쎄 넌 장차 니 며느리 기본만 걱정해.
마서방	우리 집 내동령이나 해.
금실	(눈 째지게 흘기는데)
마서방	이젠 심심찮게 팔십한둘 치신다면서요.
혜주	됐다 안됐다 그래요. (하는데)

아내와 수미 큰 접시 두 개에 깎은 과일과 포도 등 담아 한 쟁 반, 식접시 과도 등 한 쟁반 나누어 들고 나온다.

금실　아는 척 말구 당신두 딱 끊어. 가게는 파리 날리구 있는데 작대 기 들구 나가 춤추구 싶어? 사람이 분수를 알어야지.

마서방　아 끊었다니까아.

아내　(나와서) 점심 어떡했어?

혜주　(그냥 앉은 채) 먹고 온다구 했잖아요.

아내　밥 있어.

혜주　먹었어요.

금실　(커피 만들기 끝나서 한 잔 옮기며) 얘. (수미에게 돌리라는 신호)

수미　(움직이는데)

세일　(도우려 덤벼들고)

금실　(주먹으로 콩 치며 눈 째지게 흘긴다.)

아내　왜 그래요오.

금실　아 난 이 집 남자들 이러는 거 싫어요. 오빠 평생 설거지하는 남자 만든 언니한테두 유감 많어요. (아내와 함께 식접시에 과 일 몇 조각씩 나누는 거 하며)

아내　(그냥 푸 웃어버리는데)

상수　(금실에 연결) 글쎄 늬 집 남자들이나 니 맘대루 만들어어. 나 는 이대루 행복하다는데 왜 말이 많어어.

마서방　(괜히 저 혼자 낄낄거리고) 낄낄낄낄.

　　　　적당히 과일들도 분배가 끝나고 먹기 시작하는데.

혜주　(과일 하나 찍어 남편에게)

상준   (완전히 묵살하고 제 포크에 제가 찍어 먹는다.)

혜주   (아무렇지도 않게 거절당한 과일 제가 먹고)

상수   (그걸 보는) … (그 위에)

아내   (E) 이번 제사에 동서 좀 일찍 와.

아내   도와줘.

혜주   (먹으며 본다.)

아내   (며느리 잠깐 돌아보며) 저는 일찍 퇴근한다 그래두 공부만 한
       애라 할 줄 아는 거 아무거두 없을 거구 준비는 다 해놓을게.

혜주   … 네에.

금실   이번에는 미국 친정 스케줄 안 잡았어요?

혜주   아뇨.

금실   난 또 잡아놨는지 알았지. 이 년 연속 아버지 제사 맞춰 미국
       가길래 아예 아버지 제사는 빠지나 했더니.

상수   (O.L의 기분) 어어이 무슨 포도가 이렇게 오로지 달기만 하나
       아. 포도는 포도향이 있어야 포도지.

금실   (느닷없이) 아 작은오빠 말 좀 해요. 입에서 냄새 안 나요?

모두   (상준 보는데)

상준   …… (묵묵히)

금실   실어증은 아니라면서어어. (마서방한테 쿡 찔리고는) 아 왜 그
       래애. 당신 오늘 작은오빠 목소리 들어봤어? 목소리 좀 들어보
       자구우우.

상준   조용해, 시끄러. (나직이 아무도 안 보며)

금실   어엉. 오빠 목소리 그렇게 생겼었구나아.

마서방	어이구우 구여운 아줌니. 낄낄낄낄.
수미	(푹 웃음 터지고)
세일	(그러는 수미 돌아보며 저도 웃는다.)

아내는 금실 부부 고개 돌려보며 조금 웃고 / 혜주 부부는 웃을 수 없고.

| 상수 | (딱한 얼굴로 아우 보며) …… |

S# 9 열려 있는 대문으로 나오고 있는 사람들

상수와 상준 나오는 위에 뒤따라 나오는 금실의 소리.

금실	(E) 아예 저녁까지 먹구 가지 왜애. 너 밥은 할 줄 아니?
금실	(나오며) 휴가는 언제까지야?
세일	(수미와 따라 나오며 / 그 뒤에 아내와 혜주) 둘 다 월요일에 출근해야 해요.
금실	짐 정리하려면 죽었다.
세일	대충 하죠 뭐. 짐 별로 없어요.
금실	한번 해보셔. (어이그으)
상수	수다 그만 떨구 어이 가라. 마서방. (마서방 없다)
금실	소변 본다구 처졌잖아요오.
상수	(그랬지 참) 제수씨 먼저 가세요.
혜주	네… 그럼… (하고 목례하고) 형님.
아내	어서 가. 그런데 서방님 같이 나오지 않았어요? (하다 보면)
상수	?? (어디 갔어 하다 골목 밖으로 고개 틀고 있고)

S# 10 이 사람들 시각으로 골목 내려가고 있는 상준의 뒷모습

S# 11 대문 앞

상수 (이미 운전대에 탄 혜주에게) 가세요 그럼.

혜주 네… (출발한다)

세일 안녕히 가세요.

차 뜨는 것 보고 있는 가족들 / 아이들은 무심하고 금실은 입
이 풀룩거리고 아내는 착잡하고 상수는 속이 상해 죽겠고.

S# 12 걸어가고 있는 상준 옆에 대는 자동차. 보는 이들 시각에서

상준, 아는 척 않고 그 템포 그대로 걸어가고 잠시 멈춘 채 있
던 자동차 횡하니 상준 놔둔 채 내려가기 시작한다.

S# 13 대문 앞

상수 저눔으 저저… (별안간) 야 이눔아!!!

아내 (남편 잡아 제지)

상수 (아내 잠깐 돌아보고 아우 쪽 보는 얼굴이 속이 상해 죽을 지
경이다.)

금실 아 차를 팔면 자기 찰 팔지 왜 오빠 차를 파냐구우.

상수 (탁 고개 돌려보고)

금실 (아무 말 안 한 척 천연스럽게) 아니, 그런데 이이는 뭐가 이렇
게 (하며 돌아보는)

마서방 (나오면서) 나가 나가 나가. 나간다구. (나와서) ?? … 작은형

님넨 벌써 가셨어요?

상수　갔어. 어이 가.

마서방　네, 그럼… (꾸벅하면서) 안녕히 계세요. (아내에게) 맛있는 점심 먹구 갑니다.

아내　뭘요.

마서방　(애들에게) 좋은 꿈꾸구 행복하게 잘 살아라.

세일　네에… 하하… 안녕히 가세요.

마서방　(자동차에 타고)

금실　(운전대 옆으로) 가요, 언니.

아내　(끄덕이며) 가세요.

금실　(내다보며) 작은오빠 잡어서 태워다줄게요 오빠. 탈려는지는 모르지만…

　　　　자동차 뜨기 시작하면서.

상수　(돌아서 집으로 움직이며) 애들 반찬 챙겼어?

아내　(따르며) 해놨어요.

상수　이것들은 왜 안 와. 몇 시야.

S# 14 마당 안

아내　(뒤돌아보며) 몇 시니?

세일　두 시쯤 되지 않았나? (수미 시계 찬 팔목 잡아보며) 두 시 십오 분요.

상수　들어가 갈 준비 해.

세일　네…

상수	어어이 어어어이… (하며 나무 아래 평상으로)
	마당은 손바닥만 한데 나무 한 그루는 제법 묵은 것이 있어 그늘이 제법이다.
아내	안 들어가요?
상수	잠깐… 한숨 쉬어. 이리 와… (평상에 걸터앉는)
아내	(서 있는 애들에게 들어가라는 시늉 하고 남편 쪽으로)
	애들 들어가는 한편 아내 평상에 앉고.
아내	(남편 보는) ……
상수	(어디랄 것 없는 앞 보면서) ……
아내	… (잠시 더 보다가 고개 앞으로 돌리고) …
	부부 그대로 한동안… 우두커니 있는데…
	밖에서 택시 소리 나고 와서 멎는다.
아내	?? (문득 느끼고 일어나며) 세영이니?
세영	(E) (밖에서 내리면서) 네, 엄마아아.
아내	애들 왔어요.
상수	… (일어난다)
	들어오는 딸 내외.
안서방	(빈 김치통과 반찬통들 싼 것 들고 들어오다) 안녕하셨어요. 안녕하셨어요, 아버님.
상수	(집으로 움직이며) 들어가지.
아내	(남편 뒤따르며) 일찍 와 밥 먹으라니까.
세영	고속도로서 차가 퍼졌다는데 어떡해애. 고속도로 갖구 나가지 말래두 절대 말 안 듣잖어어.

아내 　기름값 들게… 신문사 차 타지이.

안서방 　갑자기 움직여야 해서 배차를 못 받았어요.

S# 15 거실

들어오는 세 사람.

아내 　(앞서고)

세영 　(엄마 뒤따라 들어오면서) 그래서 말인데 오빠 축의금 꽤 들어

왔지 엄마. 우리 차 좀 바꿔주면 엄청 고맙겠는데… (팔 낀다)

아내 　?? (잠깐 돌아본다)

안서방 　아이… (질색하는 시늉) 하지 말라니까. 아니에요. 아닙니다.

아직 괜찮아요. 걱정 마세요.

세영 　(남편과 상관없이) 엄마 응? 으응? 흐ㅇㅇㅇ응.

상수 　(욕실 쪽에서 나오면서) 아직 멀었냐?

세일 　(E) 나가요오.

S# 16 부엌

하다 만 설거지는 아직인데 아내 딤채 안에서 가득 담아놓은 김

치통과 몇 가지 마른반찬통들 너댓 개 꺼내 보자기에 싸는 중.

아내 　(싸면서) 느이 반찬은 사부인이 챙겨주신다니까 나는 신경 안

쓴다. (좀 웃으며)

수미 　네에…

아내 　그만 해두 큰 짐 덜었다. 채소값 비쌀 때는 두 집 김치 담는 거

두 버거운데 세 집 되면 일 났다 했는데…

수미	어머니 반찬이 더 맛있는데…
아내	?? (싫지는 않다) 그런 말두 할 줄 알어? 호호홋… 늬 어머니 아시면 섭섭하시겠다.
수미	한 두세 번만 엄마한테서 갖다 먹고 김치는 어머님한테 갖다 먹을려구… (해요) 세일 씨 우리 집 음식 별로예요.
아내	(O.L의 기분) 아이구, 그래 알었다. 아무렇게나 하자… (다 썼다)

S# 17 거실 복도

부엌에서 두 여자 나오는데.

세영	(E) 흐으으응 아빠아. 네? … 아빠아아.
상수	(E) 이눔아 축의금 들어온 건 오래비 거지 내 거 아니라는데 왜 내 목을 졸라아…
두 여자	??? (각각 다르게 / 한 화면에서)
상수	(E) 오래비 졸라 오래비.
세영	오빠아… (세일에게 고개 틀며)
세일	너는 어떻게 결혼축의금에 (제 손가락에 침 발라 내밀면서) 침 바르자고 덤비냐. 니 결혼축의금에 내가 손 벌린 적 있어?
세영	아니다 뭐? 나 결혼할 때 오빠 소원하던 노트북 챙겼잖아.
아내	(수미와 함께 반찬통 보자기 현관에 놓는데)
세일	(E) 니가 사줬어?
안서방	(E) 하지 마…
세영	(E) (세일에 연결) 그러엄. 나 혼수준비 덤으루 사준 건데 뭐.

세일   니가 사줬냐구.

세영   (안 통하네) 흐으으으응 아빠아아.

아내   (상 있는 곳으로 오며 O.L의 기분) 그러다 코 나오겠다. 김칫
국 그만 마셔… 내가 얘기할게. 너 앉어.

며느리와 아내 앉는다.

모두 무슨 얘기 할 건가 아내 쪽으로 고개와 시선 돌아가서…
한동안 사이 두고

아내   … (시선 받으며 눈길 탁자로 내리고)

상수   … (기다리다가 뭔가 말하려 뻐끔하는데)

아내   (O.L의 기분 / 고개 들어 아들 내외 보며 좀 웃으며) 늬들 축의
금 몽땅 다 내가 가질 거니까 그렇게 알어. 십 원두 안 줄래.

세일 내외 ???

상수   ?

세일 내외 ?? (위에)

아내   (E) 그리구 너는 차 니 시집에 바꿔달래. 니네 타는 차를 왜 친
정에 와 사달래?

상수   여보.

아내   (좋게 말하는) 나두 내 통장에 돈 좀 가져보자. 늬 엄마… 평생
내 통장 하나 없이 살었어. 그래서… 이번에는 그거 늬들 한 푼
안 주구 전부 다 내 돈 할 거야.

상수   나랑 의논 한마디 없이 당신 혼자 맘대루…

아내   (O.L의 기분) 나두 내 돈 좀 갖구 살어보자.

상수   (O.L의 기분) 여보 그건 애들 앞으루 들어온

아내   (O.L의 기분 / 좀 서늘해지지만 그래도 부드러우려) 얘들이…
        (남편 돌아보며) 뭘 했는데요. 낳아서 먹여… 입혀… 공부시
        켜… 혼수 만들어 시집보내 집 얻어 장가보내… 오늘날까지 얘
        들 다 공짜지 즈들이 한 게 뭐 있어요.

상수   … (보다가) 웬 가당찮은 욕심은 부려어.

아내   여태까지 몇십 년 동안 남의 경조사에 봉투 보낸 거 누구예요.
        당신대로 나대로 우리가 다했지 얘들이 했어요?

상수   아, 그래 됐어. 됐으니까 어이 줘 보내.

아내   …… (눈 내리고)

상수   줘 보내라니까.

아내   (남편으로 고개) 그럼… 이혼할라우? (좀 웃으며)

상수   ???

모두   ???

상수   (눈 찌그리며) 뭐를 해?

아내   나요… 생색내는 거 아닌데… 나두 안 놀았어요.

상수   … (보다 좀 달래듯) 누가 몰라?

아내   집 하나 있는 거 이거 반쪽은 내 몫이에요. 하느님 부처님두 나
        틀렸다곤 안 해요.

상수   …… (번히 보다) 요점이 뭐야.

아내   그 돈 내노라 그럼 이혼하구요. 애들 건 당신이 집 잽혀 맨들
        어주든지 어쩌든지… (집 둘러보듯) 아이구 집아 미안하다…
        세영이 시집보낼 때 잽혔던 거 찾은 지 미처 반 년두 안되는
        데……

세영 내외 (세영은 뿌우우 / 안서방은 그저 탁자 보며) …

상수   … (아내 보다가 그만두고 애들에게) 얘… 늬들 그만 가라…
니 엄마 어디 고장났다. 내 고쳐노께. 나중에 얘기하자.

아내   (탁자 내려다보며) 나중에 얘기할 거 없어.

상수   일어나 어서들.

안서방 (세영에게 신호하고 엉거주춤 두 사람 일어나는데)

세일   저기요 엄마… 즈이들 계획이…

아내   (아들 보고)

세일   계획이 있어요.

아내   …… (그냥 보는 / 그래서) …

세일   어어이… (정식으로 내는 소리가 아니고 파열음으로 작게)

아내   (일어나며) 어서 가아… 바쁘다. 피곤하기도 하고.

세일   (일어나며) 이제 빚도 없잖아요, 엄마.

아내   (좀 곤두서지만) 그래서.

상수   아 오늘은 그냥 가라니까아. 가라, 얘 새아가 어서 데리고 가라,
엉?

아내   가라… (하고 안방으로 움직이다가) 얘, 김치 오늘은 냉장고
넣지 말고 찬물에 담거 하룻밤 재웠다가 낼 점심때 너.

세영   … (대답 안 한 채 현관으로) (좀 부은 채)

아내   (약간 날카로워져서) 알았어 몰랐어.

세영   알았다구우.

아내   (안방으로 들어가고)

S# 18 안방

아내 (들어오는데 문 열렸다 닫히는 사이에 아이들 몰아내는 상수 소리 잠깐 들리고) … (앉는다) …… (앉아서 가만있는데 느닷 없이 얼굴이 우그러지며 눈물이 후드득 떨어지는데)

(E) 전화벨 울린다. (마루 전화기도 방 전화기도 거의 십여 년 전 모델)

아내 (수습하며 받는다) 네, 부암동입니다.

금실 (F) 나예요.

아내 네. 애기씨.

금실 (F) 세영이 아직 안 왔어요?

아내 왔다 지금 막 가는 중이에요.

금실 (F) 세일이네는요.

아내 가구요.

금실 (F) 오빠 좀 바꿔줘요.

아내 애들 배웅 나가 안 들어왔어요. 그런데 서방님은 어쨌어요. 만 났어요?

금실 (F) 아이구우.

S# 19 일산 어느 그다지 호화롭지 않은 고깃집 홀

금실 (들어오면서 휴대폰 통화 중) 속상해 죽겠어요. (섬심 상사 뒤 테이블 정리. 청소 중인 아가씨들 인사하는 것 받으며) 만나기 는 만났지요오. (하다가 인사하는 관리 청년에게) 어땠어?

청년 네, 어제만큼은… (하는데)

금실   (O.L의 기분) 어제만큼으루 되냐? 늬들 월급 주자구 장사하는
　　　　거두 한두 달이지 참. 늬들하구 나하구 단체루 큰일났다. (방
　　　　있는 가장자리로 움직이면서) 아, 못 데려다줬어요 나 벌써 가
　　　　게예요. 기어이 걸어간대요. 죽어도 걸어간대요. 원래 한 번 아
　　　　니다 그럼 죽어두 아닌 사람이잖아요. (하다가 방에서 식사 중
　　　　인 가족 일행 들여다보며) 아이구우 사모님, 왜 이렇게 점심이
　　　　늦으셨어요오?

중년부인 (쌈 싸 입에 갖고 가다가) 글쎄 말야, 좀 늦었어어.

S# 20 안방

금실   (F) (손님과 얘기하는 소리) 오늘 고기 어떠세요… (손님 대꾸
　　　　는 안 들리고 아내는 그냥 기다려주지만 평소보다는 싫증난
　　　　다) … 여기 쌈 좀 더 갖다드려어 엉? 그럼 맛있게 드세요, 필
　　　　요한 거 달라 그러시구요. 네… 네에 감사합니다. 오빠한테 작
　　　　은오빠 데리구 얘기 좀 하라 그래요 언니. 작은오빠 반폐인 같
　　　　단 말이에요… (또 다른 볼일) 여보, 당신 계산 좀 봐… 언니.
　　　　(끊었나?) 언니.

아내   알았어요. 얘기할게요. (하는데)

금실   (F) 야야 너 뭐 해애. 너 그게 닦는 거야 물칠하는 거야 아앙?

아내   (전화 그냥 끊어버리고 일어나 나간다.)

S# 21 거실

아내   (나와서 부엌 복도로 움직이는데)

(E) 다시 전화벨 울리고

동시에 상수 밖에서 들어온다.

아내 　(흘낏 돌아보고 그냥 부엌으로)

상수 　(받는다) 네에… 어 그래… 들어왔어. 응… 그래… 됐어, 괜찮
　　　아… 운동 삼아 걷는 거두 나쁘지 않아… 알았어…… 알았다구.

S# 22 부엌

아내 　(한식 앞치마 두르고 있다) …… (개수대로 / 수돗물 졸졸졸
　　　틀어놓고 / 졸졸졸은 수도계량기 무서워서 - 우두커니) ……
　　　(개수대 내려다보며)

상수 　(들어온다. 좀 눈치 보이는 느낌이면서 천천히 아내 앞치마 끈
　　　풀어 자기가 입기 시작한다)

아내 　…… (그런 채로 내버려두고 자세 안 바꾸고)

상수 　(아내 어깨 잡아 끌어내놓고 자기가 설거지 시작) …

아내 　…… (보다가) 뭐 애들하구 내 흉 보느라 걸렸어요?

상수 　아냐… 마당에… 왜 그랬어어.

아내 　그러구 싶어서… 아픈가부지요… (하며 다른 치울 것들에 손
　　　대기 시작) …

상수 　(그릇 씻으며) ……

아내 　…… (움직이며)

부부 　(함께 각자 할 일 하며) ……

아내 　…… 골들 나서 갔죠.

상수 　아냐 골은 안 나구…… 어리둥절해서. (갔어) … 나두 어안이

벙벙한데 애들 안 그렇겠어?

S# 23 골목

큰길로 터덜터덜 나오면서 각각 다른 생각 / 말없는 두 커플.
수미네는 작은 옷가방, 세영이네는 무거운 김치통을 안서방이
들고 힘들어 죽겠고. 골목이 끝나는 데서 멈춰서며.

안서방   (김치통 다른 손으로 옮기며) 형님네는 타셔야죠. 택시 금방
올 거예요. (길 쪽 기웃하며) 맨 빈 택시니까.

세일   짐 없으니까 (가방은 들고) 걷지. 두 정거장인데 뭐.

수미   (잠깐 보고 불만이지만 반대는 할 수 없다.)

세일   가라. (세영에게)

세영   잘 가.

안서방   안녕히 가세요. (꾸벅하고 건널목으로 움직이며) 가자구.

세영   (부은 채 두어 걸음 걷다가 문득 돌아보며) 오빠.

세일   (이쪽도 청와대쪽 길로 두어 발짝 움직이다 돌아본다) …
(왜?)

세영   엄마 뭐… 화나시게 한 거 있어?

세일   … (보다가) 없어.

세영   그런데 왜 저러셔?

세일   나두 몰라.

안서방   빨리 와, 신호 떨어졌어. (이미 발 도로에 내려서)

세영   이따 전화해. (안 쪽으로 가며)

세일   할 거 없어. 너하구 나하구 할 말이 뭐 있어.

두 커플 한 화면에 / 세영과 안서방은 건널목 건너가고 세일 부부는 청와대 쪽으로 걷기 시작. 잠시 두었다가.

S# 24 건널목을 지나고 있는 세영 부부. 거의 다 건너는데

안서방   어어이 차도 없는데 이 무거운 걸 (왜 받아 나와 / 인상 써지며)

세영   ?? (약 오른다) 김치 귀신 누군데? 그리구 엎어지면 곰방인데 고거두 못 참아 인상 써?

안서방   고거?

세영   이리 내. 내가 들게.

안서방   (세영의 손 밀어내며) 신호 바뀌었어. 서둘러. (걸음 서둘고)

세영   ?? (눈 흘기면서 서둘러 인도로 오르면서) 죽어도 김치하구 밥 먹어야 하는 사람이… (말이 많아)

안서방   (인도로 오르며) 쓸데없는 소리는… 왜 말을 안 들어. 결국 나만 등신됐잖아.

세영   (인도로 오르는 남편 기다렸다가 상명학교 방향으로 같이 걷기 시작) 뭐어. 자기두 은근히 기대했으면서.

안서방   ?? 짜증나는데 정말 그럴래?

세영   뭐 아냐?

안서방   (멈추면서) 너 내가 하랬냐? 하지 말랬잖아.

세영   아, 그래 됐어어. 거죽으루는 그랬어. 입으루는 그랬었어.

안서방   ??

세영   근데 속맘은 안 그랬잖아아. (싸울 심산은 아니다) 아니라구 하지 마? 말리는 척하면서 속으루는 기대하구선.

안서방 … 정말… (불쾌해져서)

세영 (상관없다) 자기 자신까지 속일 거 뭐 있어. 나한테… 솔직하지 못하게.

안서방 … (보다가) 그만두자. 더 하다간 심하게 다치겠다. (하며 걸음 떼고)

세영 (같이 걸으면서) 변기자는 처가에서 아파트 사준댄다 소리 한 거 일주일두 안 됐어.

안서방 (걸음 멈추고) 그래서?

세영 부럽지 않으면 그런 말 나한테 뭐 하러 해. (아직도 가볍다)

안서방 그렇게 들렸냐?

세영 맞어.

안서방 … (보다가) 솔직히 부럽다. 뭐 잘못됐어?

세영 그래애, 그러니까 우리 집은 집까지 사줄 형편은 못 되구 이 기회에 차라두 하나 빼줄려 그런 거야.

안서방 그래, 그 마음은 고마운데 쭈그리고 앉어 혹시나아 하는 칠푼 반푼이 만들어놨잖아. 뒤통수 뜨거워 죽는 줄 알었어. 제대로 챙기기나 했냐? 망신만 당하구 이게 뭐야 이게.

세영 ?? (남편 보며 몇 걸음 걷다가 좀 오른다) 그래애 실패해서 미안해. 처가덕 못 보여 미안하다구.

안서방 어이 씨이, 누가 그런 말야?

세영 아니면 뭐야. 챙기지도 못하고 스타일만 구긴 거 자존심 상해 그러는 거 아냐? 정말 자존심 진짜 쌩쌩했으면 당신 나 입 못 벌리게 더 강력하게 말렸어야 해. (안 그랬잖아아) 말리는 척

하면서 당신 낄낄거렸잖아. 해주실까? 엉뚱하다 안 그러실까?
그래 놓구는 이제 와

안서방 (O.L의 기분 / 들고 있던 김치통 확 바닥에 팽개치듯 하고 빠른 걸음으로 간다) 에이 씨이.

세영 ??? (가는 남편 잠시 보다가 김치통 보고 냅다 내달아 남편 팔 잡아 세우며) 이런 법이 어딨어?

안서방 뭐가아!

세영 우리 엄마 죽자구 담거준 김칠 왜 내동댕이쳐? 건 우리 엄마 내동대이친 거나 마찬가지잖아.

안서방 오바 좀 하지마! 그냥 김칠 뿐야. 거기 왜 니 엄만 끌어붙여!

세영 김치 슈퍼서 사오는 거야? 우리 엄마 김치야. 있는 정성 없는 정성 다 동원해 담근 우리 엄마 김치라구!! 그래서 그걸 내던진 건 우리 엄마 내던진 거나 같다구우!!

안서방 (기세가 만만찮다) 아아아, 그래그래 잘못했어 잘못했어. (하며 심지 쪽으로 움직이려는데)

세영 차 못 바꿔 심통 나 그러는 거지?!

안서방 ?? (돌아보며 또 오른다) 너 진짜 자꾸 치사한 놈 만들 거야?!!

S# 25 청운학교길

걸어오고 있는 세일 부부. 둘 다 아무 말이 없는데 …….

수미 세일 씨 동생은 어떡했어?

세일 ??

수미 축의금 말야.

세일 … 다 줬어,

수미 그런데 왜 차별하셔?

세일 아마… 걔네보다는 우리 시작이 낫다고 생각하셔서 그러시는 걸 거야.

수미 그렇대두 공정하지 않아.

세일 … 다른 집들은 축의금 어떻게 하니.

수미 다른 집은 몰라. 우리 집안들은 얼마가 됐든 다 자식들한테 주든데.

세일 니 쪽은 여유 있으니까.

수미 세영 씨는 줬다면서.

세일 글쎄, 그래서 나두 당연히 받는 건줄 알었거든?

수미 내가 못마땅해서 그러시는 건가?

세일 (좀 웃으며) 아냐 그런 거.

수미 … (그냥 걷는데)

세일 (눈치 좀 보다가) 장모님한테는 암 말 마.

수미 왜.

세일 장모님한테서는 감사합니다 그러구 챙겨왔잖아.

수미 그런데… 전부 다 아버님어머님 거기만 한 거 아니잖아. 세일 씨 친구들 거두 있구 회사 거두 있구

세일 (O.L의 기분) 까짓 몇 푼 된다구.

수미 그래두

세일 … 섭섭해?

수미 … 어떤데?

세일	(피식 웃으며) 눈 뜨구 도둑맞은 거 같아.
수미	(웃으며) 나두.
둘	(걸으며) ……

S# 26 홍소장 마당 그늘

소주 마시고 있는데 화면 시작되면 아내 잔에 술 채우고 있는 상수.

아내	(받으며) … 두잔 쨴데… (마셔도 되나)
상수	저녁밥 적당히 때워. 난 안 먹어도 돼.
아내	밥 두 공기 정돈 남어 있어. 서방님두 거의 안 먹구 혹시나 해서 동서 밥두 했었구.
상수	다툰 거 같지.
아내	(소주 한 모금 마시고 내리며 끄덕이고) 거의 말 안 하나봐.
상수	거 왜애 비우를 못 맞추구 그러는지 원.
아내	서방님두 쉬운 사람 아니잖어
상수	… (자기 잔에 따르면서) 세일이네 / 건네줘어.
아내	?? (잠깐 보고) 싫어요. (하고 소주 한 모금 마시고 내리고 안주 집어먹는다)
상수	… (보다가) 왜 그렇게 됐어.
아내	… (술잔 내려다보며) … (씹고 있고)
상수	응?
아내	(보며) 싫다니까아?
상수	… (보며)

아내	(남편 안 보는 채) 나는… 우리 애들이 얄미워… 즈들 생각만 하잖어… 우리 생각 해주는 거 털끝만큼두 없잖어. 즈들 공부 시켜 내느라 얼마나 등골이 휘었는지… 때깔나게 못해주면서 얼마나 쓰렸는지… 그런 거 아무거두 몰라…… 당신 경찰 공무원 30년 넘게 하면서 타 갖구 온 상장들이… 병풍으루 꾸미면 네다섯 쪽은 너끈히 될 거예요… 들구 들어온 상장 보면서… 어미라는 사람… 에이 이깐 종이쪽지 주지 말구 애들 먹이게 차라리 삽겹살로 서너 근 주지이… (한숨이 함께 새는) 그랬던 마음 같은 거 저연혀 몰라…
상수	(소주잔 비우고 내리고) … (안주 집어 먹는다)
아내	학력 모자라 그저 파출소 소장으로 정년퇴직한 즈 아버지… 어깨 축 처져 어디 아파트 경비반장 자리 없나아… 어디서 누가 불러 안 주나아아… 그러구 있는 거두 몰라…
상수	처지긴 누가 처져. 쓸데없이. 아무거 안 해두 연금 나오는 걸루 밥은 안 굶을 텐데 웬 걱정야. 아직 충분히 일할 수 있으니까 그러는 거지 애들 다 성가시켰겠다 빚 없겠다 뭐 / 어디가 어때서.
아내	(남편 안 보는 채 고개 아래로 하고 O.L의 기분) 밥만 먹구 살다가 덜컥 병이라두 들면 어떡해.
상수	보험 있어 보험.
아내	나는요 여보… 당신 아파트 경비… 자리가 있대두 하게 안 하구 싶어… 당신은 하다 안 되면 주유소라두 나간다 그러지만 그거두 싫어……

상수	한가한 소리 말어. 사지육신 멀쩡해서 그럼 그냥 구들장 짊어 지구 엎치락뒤치락 놀다 죽으라구?
아내	(O.L의 기분) 그래두 싫어요.
상수	… (그냥 보며)
아내	(옆의 두루마리 화장지 집어 끊으면서) 당신 도움 크게 받았다 구 생각하는 누구 한 사람… 우리한테 쬐끄만 반찬가게 자리 하나 내줄 사람 없을까?
상수	… (보며)
아내	(코 팽 풀고) 그럼 당신이랑 같이 반찬가게나 하면 좋겠어.
상수	실없는 소리… 그리구 있는 사람들조차 허리 꽉꽉 졸라매는 시 국에 반찬가게는 될 거 같아?
아내	그럼 어떡해. 남의 집 일두 못하게 발목 붙들어 매놓구서는…
상수	환갑나이야. 그만큼 했으면 됐어. 수고 많았어. 고맙게 생각해.
아내	글쎄, 당신이나 나나 뼈빠지게 그랬는데두 손에 쥔 게 아무거 두 없잖어.
상수	연금 있잖어, 연그음.
아내	아이구, 누가 들으면 엄청난 연금 타는 줄 알겠네. 남은 서글프 구 불안해 죽겠는데.
상수	그거두 못 만들어논 사람이 태반야. 그저 감사하면서 / 감사하 는 마음으루 편하게 생각하며 살어. 사람이 감사가 없으면 맨 불평할 일밖에 없어. 사서 걱정 사서 청승떨지 말구 애들 돈 줘. 그거 떼먹어서 부귀영화 못 누려.
아내	…

상수   엉?

아내   (소주잔 벌컥 비우고 내리며) 공부시켜 짝져줬으면 그걸로 할
       일 다 한 거야. 다들 맞벌이에 굳이 그거 안 받아가도 우리보다
       열 곱 스무 곱은 빨리 자리잡구 잘살 거예요.

상수   …

아내   애들한테 맛 갔어요… 수운 싸가지들이라니까아? 세영이 년,
       저 결혼시키느라 집 잽힌 거 뻔히 알면서도 축의금 봉투 주니
       까 단돈 천 원 한 장 안 내놓고 봉투째 집어들고 가는데… 나
       정말 어이가 없구… 기가 막히대… 도대체 내가 자식을 어떻게
       키웠길래 지 부모 생각해주는… 마음 한 조각이 없는… 그런
       딸년을 만들어놨나아… 결국은 내 잘못이지이이… 너무 없이
       시작해서 그러겠지이… 이리 돌리구 저리 돌렸지만, 그래도 괘
       씸하고 서글픈 거 다 안 없어지더라구.

상수   아직 철들 안나 그래. 자식들 다 그래.

아내   ……

상수   그래두 우리 애들 정도면 괜찮은 거야. 달리 속 썩이지는 않았
       잖어.

아내   짝사랑 그만둘래… 너무 계산이 안 맞어.

상수   자식하구 무슨 계산을 해애.

아내   즈들이 우리 걱정 해줘야 할 때야. 아무 생각 없는 것들야…
       (제 빈 잔에 소주 따르려 하며) 분해 죽겠어.

천소장 (소주병 빼내 자기가 따라주면서) 분하기는 (웃으며)

아내   놀랬을 거다 아마… 흥… 놀래라지. (하며 소주잔 집어들다 도

로 놓으며) 취하겠네. 쉬었다 마실래.

상수   그래 그럼…

아내   하아아아 (한숨 길게 내뿜으며) …… (마당 저쪽 보며)

상수   (그런 아내 보며)……

한동안 그대로 두었다가.

S# 27 시간 경과 저녁 무렵

S# 28 안방

상수 누워 설핏 잠이 들어있고 / 두 손 가슴에 놓고.

아내   (베개 위에 팔굽 올려 고이고 자는 남편 보면서) …… (보다가 슬그머니 손 뻗어 남편 한 손 등을 쓸 듯이) ……

상수   …… (눈 찌그려 뜨며) 왜…

아내   저녁상 차릴려구.

상수   별 생각 없는데…

아내   (일어나 앉으며) 앞으로 밥 먹을 날 그렇게 안 많은데 거르지 말구 다 찾어 먹자구.

상수   (안 일어나는 채 한 손으로 얼굴 쓸 듯이 하며) 그럼 간단히 먹지 뭐.

아내   (조금 싯죽 웃으며 나가고) ……

상수   (누운 채 한동안 그대로 있다가) …… (하품 물며 일어나 앉는다) …… (잠시 뭔가 생각하다가 전화로 가서 다이얼 찍는다) (E) 벨 가는 소리. 네 번쯤.

혜주	(F) 네에.
상수	제수씨 나예요. 상준이 좀 부탁해요.
혜주	(F) 아직 안 들어왔어요.
상수	?? 어디 딴 데 간다 그랬어요?

S# 29 혜주의 집 거실 / 대형 빌라

혜주	어디 가면 간다고 말 하나요. 말 안 해요 그 사람… 걱정하지 마세요. 어디 가 술타령 아니면 부득부득 이 갈구 있을 거예요… 들어오구 싶으면 들어오겠죠.

S# 30 상수 안방

상수	아니 그렇게 남의 일 말하듯… 어어이… 제수씨가 이해 안 해주면 누가 합니까. 워낙에 편한 성격 아닌 거 알잖아요. 나 이거 첨 말하는 건데 잘 좀 대해주세요. 그 완벽주의에 그 자존심에 하루아침에 직장 잃고 / 그거 여자들은 상상도 할 수 없는 일이에요.
혜주	(F) (O.L의 기분) 아주버니나 고모나 다 내가 잘못한다 생각하는 거 알아요. 뭘 어떻게 더 잘해야 하는 건지 모르겠네요. 간단하게 제가 능력이 없다구 생각하세요.
상수	(혈압은 오르지만 뭐랄 수는 없고 인상만 쓴다)

S# 31 혜주의 거실

혜주	명예회장님 돌아가시기 전부터 내가 그랬었어요. 영감님 돌아

가시구 나면 자식들이 영감님 모셨던 임원들 껄그러워 옆에 안 둘려구 할 테니까 자기 능력만 믿지 말고 표 안 나게 줄 바꾸기 해둬야 한다구요. 내 말 안 듣고 잘난 척하다 짤린 거잖아요. 아주 쌤통이에요… 전 이렇게밖에 말할 수 없어요…… 네… 네 들어가세요.

S# 32 안방

상수 (전화 끊으면서) …… (인상 쓰고 전화통 보다가 불끈 일어나 나간다)

S# 33 부엌

아내 (큰 쟁반에 작은 반찬그릇들 챙겨 놓는 중)

상수 (들어온다)

아내 (힐끗 보고) 뭐 하러 나와요?

상수 상준이 아직 안 들어갔대.

아내 ?? … 딴 데 가는 거 같단 소리 안 하든데 고모.

상수 대체 왜 저렇게 밥맛이 없어 찬이 엄마는.

아내 … (잠시 보다가 움직이며) 뭐라는데요?

상수 아 말이라는 게 아 다르구 어 다른 법인데…

아내 (O.L의 기분) 뭐라는데요.

상수 그만둬. 어어이… (하고 나가려)

아내 뭘 새삼스럽게.

상수 (돌아보며) 그렇다구 지금 상황에 쌤통이란 소리가 그게 할 소리야 안사람이?

아내 ??? … (잠깐 돌아봤다가 밥공기 챙기며) 줄 바꾸랬는데 안 바 꿔 당했다구?

상수 ??? 알어?

아내 초장에 그랬는데 뭘.

상수 뭐라구.

아내 ??? (돌아보다가) 아, 자기가 줄 바꾸랬는데 말 안 듣다 그렇게 됐다구 / 쌤통이라구… 그 소리 했다가 고모한테 억수루 당했 는데 아직두 하나부네.

상수 왜 말 안했어?

아내 뭐 좋은 얘기라구. 안 그래두 맘에 안들어 하는데…

상수 (입맛이 소태고) …

S# 34 마루

교자상에 밥상 차리고 앉아 말없이 먹고 있는 부부.

부부 …… (잠시 두었다가)

상수 (수저 놓으며) 어어이 못생긴 녀석.

아내 (남편 보며) …

S# 35 동네 산속 / 같은 시각

상준 (두 다리 벌려 세우고 앉아 소주병 기울이고 있다) …… (술 넘 기고 술병 내리고 우두커니) ……

S# 36 상준 빌라 안 현관께

상수 (거실로 올라서지도 않고 현관에 선 채) … (보다가) 짐작 가는 데 없어요? 좀 찾아봤어요?

혜주 어디 있는지 알고 찾아요.

상수 … (보다가) 요새 누구 만나는 눈치예요?

혜주 아무도 안 만나요.

상수 ???

혜주 지난 달 중순에 운동 갔다 와서 골프채 다 꺾어버리고 전화도 안 받아요. 핸드폰도 없앴잖아요 / 정말 세상에 둘도 없는 괴상한 성격이에요.

상수 (그저 버언히 보면서)

혜주 걱정하지 마세요. 들어오구 싶으면 들어오겠죠.

상수 아홉 시예요. 한 시도 안 돼서 움직였는데 이 시간까지 / 아니 어떻게 걱정이 안 돼요. 걱정되는 게 당연한 거죠.

혜주 저 못마땅해하지 마세요. 그 사람 저 피 말리는 걸 아주버님이 어떻게 아시겠어요. 그러니까 걱정하실 거 없어요. 몇 시간씩 어디 가 뭐 하고 있다 들어오는지 그런 일 부지기수예요. 여태 별일 없었잖아요. 자려는 들어와요.

상수 아니, 저기 어떻게 해서든지…

혜주 (O.L의 기분) 아주버님. (불러놓고) … (보며)

상수 …… (보며)

혜주 오늘 보셨죠, 그런 사람을 제가 뭘 어떻게 해요. 잘못 건드리면 감당 못하게 난리나 치는데요. 저두 정말 인내심에 한계를 느

껴요. 하루에도 열두 번씩 그냥 손들고 싶어요. (보며)

상수   ??? (보고)

S# 37 빌라 입구에서 나오는 상수 / 밤

S# 38 동네길

상수   … (땅만 보며 걸어오다가 무심히 고개 든다… 걸음 멈춘다)

상준   (터덜터덜 흔들흔들 오고 있다) ……

상수   … (선 채 보고)

상준   (가까이 오고 있는데) …

상수   어디 갔다 와.

상준   (걸음 멈추고 본다) … 웬일이세요?

상수   저녁은…

상준   … 먹었어요.

상수   어디서.

상준   저기서요. (안 먹었다)

상수   술 했어?

상준   많이 안 했어요.

상수   좀 더 해두 돼?

상준   네.

상수   (걷기 시작한다) ……

상준   (따라 걷기 시작) …… 무슨 일 있어요?

상수   아냐. 나왔다가 소주나 한잔 할까 싶어서…

상준	… (묵묵히 따르고) …
상수	(괜히 벌죽 웃으며 / 가볍게 하려는 의도) 일이 있긴 있었다 참.
상준	(고개만 돌아가고) …
상수	니 형수가 세일이한테 들어온 축의금을 몽땅 떼먹었어.
상준	무슨 소리예요.
상수	애들 안 주구 자기가 쓴대.
상준	… (보며)
상수	자기두 통장 좀 가져보겠다나…
상준	뭐… 꼭 줘야 하는 거예요?
상수	아냐. 꼭 그러는 법은 없어. 부모 형편따라 주기두 하구 안 주기두 하는 거지.
상준	그런데요 뭘…
상수	세영이는 줬었거든.
상준	세일이는 둘 다 제법 번다면서요.
상수	니 형수두 그래선가 분데… 그거 움켜쥐구 안 내놓는 니 형수… 측은하기도 하고… 애들한테는 좀 무안스럽구……
상준	… (그냥 걸으며)
상수	니 형수는 아마 내가 안됐어서 그랬을 거야… 내가 알어…
상준	…

S# 39 안방

| 아내 | (티비 켜놓고 남편 옷 다림질하다가 전화 받는 중이다 / 한 손으로는 티비 볼륨 줄이면서 입으로는 응대하는) 에… 어제 와 |

하루 묵구 점심 먹여 보냈어요… 그럼요 이제 할 일 다 했지요… 허전하기는 들어와 잠만 자구 나가던 앤데 그럴 거두 없어요…… 손님은 좀 어때요, 사장님… 아이구우 그래서 어떡해요. 나아질 기미는 눈곱만큼도 없구. 네… (길어질 것 같다. 한 손으로 다리미질 계속하기 시작) 네… 아직은 생각 안 해요. 우리 집 양반이 어디 나가는 데라두 생겨야 어떻게 해볼 텐데 이제 퇴직한지 한 달 남짓 됐는데 같이 좀 있어줘야지 혼자 밥 챙겨먹게 하기요 / 그리구 그만하라구두 자꾸 그러구요… 아이구아이구 내 팔자에 벌어놓은 돈은 무슨… 사장님 뻔히 아시면서 왜 그러세요… 네, 한 번 들를게요 // 네… 네 안녕히 계세요 사장님. 감사합니다. 네에… (전화 끊고 티비 볼륨 올리는데)

(E) 전화벨.

아내	(올리던 티비 볼륨 도로 죽여놓고 받는다) 네에, 부암동입니다.
세영	(F) 엄마. 나.
아내	응 그래.
세영	(F) 김치 무지무지 맛있었어요.
아내	찬물에 담거놨어?
세영	(F) 그러엄.

S# 40 세영의 원룸

세영	(안서방 무릎에 앉아서 / 남편에게 안겨 / 연결) 머리 잘라 쭉쭉 찢어서 안서방 밥을 두 공기 반이나 먹었어. 안서방이 엄마 김치 장사하면 대박일 거래요…… (대답 듣고 남편에게) 알아

쥐 고마우시대. (하는 전화에 대고)

안서방 진짜 김치가 환상이에요 장모님.

세영 까르르르.

안서방 ???

세영 아부 떨지 말래.

안서방 아부 아냐아.

세영 (남편 무릎에서 내려앉으며) 근데 엄마 나 정식으로 물어볼 거 있어요 (뭔데?) 엄마 오빠한테 뭐 실망한 거 있어요? (그게 무슨 말야?) 아니이 축의금 몰수한 거어. (그런 게 어딨어 없어) 그런데 왜 그래. 엄마가 그러는 거 너무 이상해요. 안서방두 이상하대 (니 엄마 아프대잖어 니 아버지가) 그럼 진짜 완전 몰수예요? (그래, 내가 쓸 거야) 글쎄, 엄마가 어디다 쓸 거냐구우 (좀 어리광스럽게).

S# 41 안방

아내 어디다 쓰든 웬 관심이야아? 관심 쓰지 마아 내 맘이야. (알었어알었어. 그런데 오빠는 암말 없수?) 지가 무슨 내가 못 준다면 그만이지 무슨 군소리. (아버지는?) 작은 아버지한테 가셨어. (왜애?) 아우 작은아버지가 신경 쓰이게 하잖어어.

S# 42 상준 동네 경양식 집 비슷한 장소

맥주 마시는 형제.

상수 (맥주 따라주면서) 이제 그만 털어버릴 때두 됐잖아. 털구 일어나. 지난 일, 분하게 당한 일 같은 거 잊어버려. 앞을 봐 앞을. 내일 모레를 보라구. 과거지사나 반추하면서 웅크리고 괴로워하는 건, 그건 사는 게 아니야. 머리 좋은 놈이 왜 그걸 몰라… 엉?

상준 형님 나는요…

상수 …… 그래.

상준 (쓰게 입술 비틀며 웃는 듯) 고속도로 길 가운데… 엔진 망가져 버려진 자동차 같아요.

상수 …… (보며)

상준 다른 차들 쌩쌩 달리는 거 속수무책으로 보면서… 버려져 있는 차 같아요.

상수 (고개 돌리고 잠시 속상해 있다가) … (고개 돌려 보며) 그럼 엔진 수리하면 되잖아.

상준 … (맥주 마신다)

상수 아니면 엔진 바꿔 달든지.

상준 (잔 놓고) … (탁자 내려다보며)

상수 니가 하는 거야. 그건 다른 사람이 해줄 수 없는 문제야.

상준 …

상수 우선 생각을 바꿔. 생각 나름이란 말 몰라?

상준 난 잘못한 거 없어요. 하루 네 시간 이상 자본 거 불과 얼마 안 돼요… 아버님 이상으로 회장님 모셨어요… 회사 이익창출에 나만큼 기여한 사람 있으면 나와보라 그래요. 회장님 눈 밖에 날 거 뻔히 알면서도 회사에 불리하다는 판단이 서면… 그야말로 목 내놓고 바른말 했었고… 그러면서 얻은 회장님 신임이었어요.

상수 　… 알어.

상준 　중상모략 / 모함… 얼마나 심했겠어요. 처음에는 회장님께서도 혹시나 하셨다가 몇 차례 겪어보시고… 끌어내리려 모함하는 인간들 먼저 물먹이기 시작하셨죠…… 좋은 시절이었어요.

상수 　그렇게 너 좋은 시절 보내는 동안 너 미워 죽는 세력을 얼마나 많이 키웠겠어… 지나친 건 모자란 것만 못하단 말이 있어. 돌아가신 회장님도 너도 현명치 못했던 거야. 모두 다 널 경계하게 만들었을 거야.

상준 　(끄덕인다) … (쓴웃음) 아들들조차요. 회장님 돌아가시자 하루아침에 얼굴들이 달라졌어요. 내가 그렇게까지 눈엣가시였을 줄은 몰랐어요.

상수 　니가 오만했을 거야…

상준 　(끄덕이며) …… 인정해요… 그래도 그 친구들 / 자기 아버님을 생각해서라도 사람 꼴 이렇게 만드는 건 아니에요.

상수 　야, 상준아. 우리 보통 사람들 생각하는 방식하구 다른 생각 방식을 가진 사람들두 많어. 그건 니 생각일 뿐이야. 자기 아버지 돌아가실 날만 손꼽아 기다렸을지도 모른단 말야.

상준 　… 그랬었나봐요……

상수 　… (보다가) 직장생활 너처럼 화려하게 한 사람 별반 없어. 짧지 않은 세월 동안 너를 인정하는 어른 모시고 능력발휘하면서 일했고… 또… 덕분에 경제적인 혜택도 누리고 잘 키운 자식들

있고 / 그게 다 재산이고 감사할 일 아냐… 감사하는 마음을
가져. 그럼 훨씬 편해져.

상준　나는요 형님… 지금 내가 좁쌀 한 알 같아요.

상수　… (보다가) 너는 그럼 대통령은 수박만 하고 장관은 참외만
하고 그런 거야? 그래서 너는 모과만 했어 복숭아만 했어… 근
본적으로 우리 다 좁쌀 한 알들이야. 자리나 영향력 따위… 그
저 막말로 별 의미 없어.

상준　나는 형님처럼 잘나질 못했어요.

상수　너 나 야유하나?

상준　아니에요 무슨.

상수　아직두 얼마든지 일할 수 있는 일꾼들 뭉텅뭉텅 용도 폐기시키
는 이런 시대 만난 거… 그게 니들 세대 우리 세대가 감당할 몫
이라면 어쩌겠어. 한둘이야? 40대 이후부터는 거의 반은 죽은
사람 취급 당하는 세상 아냐. 그렇게 만들어놨어. 소위 잘나서
정치한다는 사람들, 지도자라는 사람들이… 지금 이게 온전한
거냐? 게다가 청년 실업은 얼마야. 응?

상준　(맥주 따른다) …

상수　잊어버려. 회사두 너 사기쳐먹은 친구놈도 다 잊어버리고 담담
하게 인간 홍상준으로 유유하게 살아. 그래두 아무거 안 해도
살 만한 여축은 있잖아.

상준　(벌컥벌컥 마시고 놓는다) …

상수　…… (보다가 바꿔서) 아 야 그리구 너, 찬이 엄마하구 좀 어떻
게 잘해봐.

상준   (본다) …

상수   그게 뭐야. 니 속이 아무리 힘들어도 식구까지 같이 힘들게 하
        는 건 못나빠진 거야. 너한테 남아 있는 게 뭐야. 집밖에 없어.
        찬이 엄마 힘들게 하지 말구…

상준   (O.L의 기분) 그 사람 얘기는 하지 말아요.

상수   … (보는)

상준   목졸라 죽이구 싶을 때 한두 번이 아니에요.

상수   ??? 이눔으 자식이 그런데…

상준   (맥주 또 따르는데)

상수   …… (보면서)

S# 43 만났던 장소에서 나오고 있는 형제

둘   (나온다) … (둘 다 나와 서서 누구도 아무 말 없이 가만히)
        …… (있다가)

상수   데려다줘?

상준   ……

상수   엉?

상준   아니에요… (걸음 옮기며) 가세요…

상수   … (보고 섰는)

상준   (맥없이 느리게 걷는) …

상수   (보면서 속이 아파 죽겠다 / 잠시 더 있다가 제 방향으로 몸
        틀고)

S# 44 집으로 가는 길

상수   (무겁게 걸어오고 있는) …

S# 45 빌라 앞

상준   (빌라 마당으로 들어서고 있는) ……

S# 46 빌라 거실

혜주   (전화 중이다) 아빠가 돈을 줘야 송금을 하지 내가 무슨 재주
        로 돈을 만들어 얘들이 정말…… 이젠 아예 들은 척도 안 해.
        엄마도 어떡해야 할지 모르겠어 글쎄에. 통장 도장 다 뺏어갔
        다구 말 안 했니? … 어떻게 빼내. 어따 감췄는지 알지도 못하
        는데?? 나두 거지라니까?? 얘, 엄마 도우미도 못 써 니 아빠가
        짤라서… (하는데 현관문 소리 / 돌아보고) 아빠 들어온다. 직
        접 말해봐. (앉은 채 송수화기 탁자에) 찬이… 받아봐요.

상준   (대꾸없이 서둘지 않고 와서 전화 받는다, 나직이) 송금 없다
        그랬는데 왜 전화값 써여… (듣다가) 니들이 벌든지 외삼촌들
        한테 받아내 쓰든지 하랬지.

혜주   (신문 치우려다 남편에게 눈 째지게 흘기는 위에)

상준   (E) 그냥 달라는 거 아니구 옛날 빚 갚으란다구 했어?

혜주   (불끈 일어나며) 애들한테 시키지 말구 당신이 직접 하라니까아.

상준   (상관없이) 분명히 갚는다 그러구 가져갔고 한두 푼 아냐. 부
        자동네 집 사구 살면 이제 갚아도 돼. 전화값 올라 끊어. (하고
        끊으려다가 문득) 뭐야 이 자식아? 너 애비한테 대밋?! 당장

보따리 싸 나미 데리구 들어와 아눔아!! … 너 안 들어오면 내가 / (하다보면 저쪽에서 전화 끊었다 / 전화 꽝 놓으면서) 자 알 했군. 조기유학 / 지 애비한테 욕하라고 보냈어.

혜주　의미 없는 입버릇이야. (제 방으로 들어가려 하며)

상준　의미가 없어? 내가 누군데 대밋이야!!

혜주　(돌아보며) 내가 그랬어? 왜 나한테 성질야.

상준　???

혜주　장사 안돼서 돈 없단대. 애들은 이제 곧 시리얼만 먹게 생겼다니까 직접 가서 받아주든지 (어떻게 하든지 하려다가 발끈) 아 왜 애들한테 자꾸 즈 외삼촌은 들먹여요. 치사스럽게.

상준　내 돈 안 가져갔냐?

혜주　그러니까 직접 가서 받아내란 말야 내 말은.

상준　당신 형제들이야. 당신이 하는 게 마땅한 거잖아.

혜주　십 년도 넘었어. 받으려면 진작 받아냈어야지 내내 가만있다가 이제 와 달라는 게 말이 돼?

상준　??? 십 년 넘어 못 주겠대?

혜주　차용증도 안 썼잖아.

상준　???

혜주　(안방으로 핑하니 들어가버리고)

상준　… (안방 노려보다가 부르르르 도자기 하나 문싹에 냅다 던진다)

S# 47 안방

혜주　(화장대에 앉아 얼굴 지우는 크림통 집어들다) ?? (소리 자체

에 놀랐다가… 또 발작이군 / 크림 손가락으로 푹 찍어낸다)

S# 48 방 밖 거실

상준   (방문 노려보며 섰다가) … (눈 질끈 감았다 뜨며 주방으로)
……

S# 49 주방

상준   (냄비 꺼내 물병의 물 적당히 붓고 가스 위에 얹어놓고 찬장에서
라면 꺼내 가위로 잘라 스프 등 꺼내 가위로 자르면서 멈추고)
…… (입 꽉 다물고 눈 질끈 감으며 처참하다) …

S# 50 상수의 집 올라가는 언덕길

S# 51 안방

아내   (방바닥 훔쳐내는 중이다 … 다 닦았다 싶어 걸레 들고 일어
나다가 문득 전화 돌아본다) … (아무래도 걸리기는 걸린다)
…… (에이 몰라 그냥 나가려다 되돌아서 전화통 또 잠깐 보다
가 도로 전화 앞에 주저앉아 다이얼 찍는다)
(F) 벨 가는 소리.

수미   (F) 네에.

아내   뭐 하니. (왠지 약간은 비굴한 기분)

수미   (F) 네에, 잠깐만 기다리세요.

아내   아니 얘 저기… (하는데)

세일 (F) … 네.

아내 엄마야.

세일 (F) 네. 왜요.

아내 이런 말 하기 좀 그런데 걔는 가르칠 게 많겠다.

세일 (F) … (좀 언짢다) 왜 그러시는 건데요.

아내 아니 이 전화를 받았으면 하다못해 저녁은 드셨어요 소리라두
한마디하구 바꿔주는 법이지, 바꿔달라 소리 하기도 전에 그렇
게 꼭 뭐 털어내는 거 모양…

세일 (F) (O.L의 기분) 네에.

S# 52 세일의 아파트 거실

세일 (디비디 영화 보고 있는 수미 돌아보며 연결) 지금 영화 보고
있어서 그래요… 어려운 거라 잠깐 한눈팔면 놓치니까 그랬을
거예요. 이해하세요.

아내 (F) 그래 그럼 그렇다 치구……

세일 … (기다리다가) 네.

아내 (F) 끊으래? 영화 보는 데 방해 돼?

세일 아니에요 하세요.

아내 (F) 아니다.

S# 53 안방

아내 별로 중요한 거 아냐. 끊으께.

세일 (F) 그럼 그러세요.

아내	(그 대답이 그래도 서늘하다 / 잠깐 멈칫한 느낌이다가) 그래.
	(끊는데)
	(E) 들어오는 기척 소리.
아내	(일어나며) 당신이에요?
상수	(E) 어어…
아내	(방문 열고 기다려줬다가 들어오는 남편에게) 봤어요?
상수	(옷 벗기 시작하며) 어.
아내	들어와 있습디까? 어디 갔었대요?
상수	(옷 받는 아내) 별일 없어?
아내	별일은…
상수	세일이 놈 조용해?
아내	조용하잖구요.
상수	녀석 전화 안 했어?
아내	(픽 웃으며) 세영이는 김치 맛있다는 전화했는데 시렁치두 않구 / 세일이는 내가 했는데 좀 삐졌어요.
상수	?? (삐지긴 나쁜 놈) 뭐라 그래?
아내	뭐라진 않는데 영화 본다구 빨리 끊어줬음 해서 끊었지 뭐.
상수	(아내 보는) …
아내	(남편 옷 치우며) 그러던 놈 아니니까 삐진 걸루 그냥 내가 생각이 드네… (옷 다 치우고 양말 벗는 남편 옆에 앉으며) 그래 얘기 좀 했어요?
상수	답답하기만 해애. 어어이 언제 정신을 차릴 건지 정말… 고속도로에 엔진 망가진 자동차로 버려져 있는 거 같대.

아내	…… (남편 보며 알 거 같네)
상수	그보다도 거 부부 사이가 심각한 거 같어.
아내	원래두 그리 좋은 사이는 아니었는데… 철이 없어요.
상수	그 정도가 아냐. 목 졸라 죽이고 싶대.
아내	??? 예에? (하는데)
	(E) 전화벨.
아내	(수화기 들자마자)
금실	(F) 누구예요, 언니유 오빠유.
아내	?? 왜 그래요 애기씨.
금실	(F) 아이구우 언니 평창동 좀 빨리 가봐요오오. 그 집 누구 하나 죽나봐아아!!
아내	그게 무슨 소리예요.

S# 54 고깃집 마당을 급하게 뜨고 있는 마서방 자동차 위에

금실	(F) (O.L의 기분) 글쎄, 내가 궁금해서 방금 전화했는데 언니. 벨이 하안참 가두 안 받어요. 없나보다 그러구 끊을려구 하는데…

S# 55 자동차 안

금실	(핸드폰 들고 사징없는 언걸이다) 누가 수화기 들긴 들었는데 대답하는 사람은 없고 전화루 부서지구 깨지는 소리에… (마서방 황급히 운전하는 중)

S# 56 안방

아내   ???? (입 벌어져서)

금실   (F) (연결) 올케 언니 악쓰는 소리가 들리는데 장난이 아니에요오오. (이하 효과음으로 넘어가면서 아내 전화 팍 끊으며 남편한테 설명하는 몸짓과 입)

상수   ???

S# 57 언덕길을 넘어질 지경으로 뛰어내려오고 있는 상수 부부

S# 58 아수라장이 되어 있는 상준의 거실

고급 찻잔들 꽉 차 있던 장식장도 넘어가 있고 / 사진액자고 뭐고 제자리에 있는 것은 거의 없을 지경에.

상준   (입 앙 다물고 골프채로 수조 유리를 박살내면서)

혜주   (두 손으로 머리 감싸고) 아아아아악 / 미쳤어 미쳤어 미쳤어 어어어!!

상준   (골프채 아무렇게나 내동댕이치고 주방으로 가는데)

아수라장 거실 바닥에 펄떡펄떡 뛰는 물고기.

냉장고에서 물병 꺼내 벌컥벌컥벌컥.

거실 전체와 혜주, 상준이 한 프레임에.

제2부

S# 1 빌라 전경

S# 2 난장판 거실에 막 들어서 있는 상수 부부

둘 (기가 막혀 각각 아수라장 더듬으며 벙벙하고) ……

상수 ……

아내 세상에 웬 난리야아아 이게… (소리도 제대로 안 나오며)

혜주 (팔짱 끼고 소파 쪽으로 움직이며) 무슨 일로 오셨어요.

아내 애기씨가 연락했어.

혜주 (잠깐 돌아보며) 고모가 어떻게요.

아내 전화기 잘못 눌렀나봐. 시끄러운 소리 다 들리더래.

혜주	(전화기 체크하고 제대로 놓는다)
아내	도대체 뭘 잘못 건드렸길래 이 모양이야아. (하며 걸음 옮기다가) 아이구, 물바다네. 여보 여기 물천지예요. 비켜 디뎌요
혜주	(소파에 앉는다)
아내	앉으면 어떡해. 치워야지이.
혜주	내버려두세요, 어지른 사람이 치우게. (아무도 안 보는 채)
아내	???? (하고 남편 돌아본다)
상수	얘… 자주 이래요?
혜주	서너 차례 (한숨 섞어) 당했죠오…
상수·아내	(보며) …
혜주	점점 심해져요. 미친 사람이지 성한 사람 아니에요.
상수	(혜주 보다가) … 손찌검두 해요?
혜주	그거까지 하면 어떡해요. (상수 보며 반발)
상수	…… (보다가) 미안합니다. (상준의 방으로 움직일 태세면서) 치워. 유리 조심하구. 슬리퍼 신구 움직여.
아내	여보, 저기 찬장 좀 세워주구.
상수	바닥 먼저 치워. (하고 상준의 방 앞으로 가서 노크도 안 하고 들어간다)
아내	… (보며 있다가) 어서 바케스하구 빗자루 걸레 갖구와.
혜주	그냥 놔두면 자기가 다 치워요.
아내	?? 그걸 말이라구 하는 거야?
혜주	?? (본다)
아내	하기 싫으면 그럼 있어. (하고 주방 쪽 다용도 방향으로)

S# 3 상수의 방

상수   (들어와 서 있는 상태 / 아우 보며 하염없이 그러고 있을 듯)
            ......

상준   (큰대자로 누워서) ......

상수   … (보며) 일어나.

상준   (눈께 덮었던 한 손등 아무렇게나 던지듯 떨구며 일어나 앉는다)

상수   …… 나가자.

상준   … 싫어요.

상수   내려 서… 어서.

상준   …

S# 4 거실

청소도구들 나와 있고 혜주는 면장갑 끼고 유리조각들 집어 빈 과일상자에 집어넣고 아내는 걸레 물에 적셔 바케스에 짜넣고 하는 중.

상수   (E) 안 내려서??!! (버럭)

아내   ??? (돌아본다)

혜주   (고개 잠깐 돌렸다 무시해 치우고 하던 일)

상수   (앞서 나와 현관으로)

상순   (따라 나와 현관으로)

아내   (두 남자 나가는 것 보고 치우기 계속하며) …… (하다가) 서방 님두 존 성격이라군 안 하는데 동서두 참 작품은 작품이야. … 잘못한 거 아무거두 없이 하루아침에 직장에서 쫓겨나 / 믿었

던 친구한테 사기 당해 수억 날려 / 바보두 아니구 둔한 사람
두 아니구 얼마나 철두철미하구 예민한 사람이야. 누구보다두
젤 잘 알 사람이 왜 그 비위 못 맞춰주구.

혜주   (O.L의 기분) 철두철미한 사람이 사기당해요? 잘못 알구 있는
      거예요. 저 사람 바보예요. 미련 곰탱이라구요. 회사두 그래요.
      내가 진작부터 외줄만 타지 말구…

아내   (O.L의 기분) 그런 소리 마. 십 원 한 장 벌어본 사람두 아니면
      서 어떻게 그런 소릴 해. 서방님 유능한 덕에 여태 얼마나 잘
      쓰구 잘살었어 응? 운수가 불길하면 멀쩡하게 길 가다 남의 간
      판 떨어지는 거에 맞아 죽기두 해. 믿었던 친구가 작정하구 해
      먹은 걸 어떡해. 서방님이 바보가 아니라 그놈이 죽일 놈인 거
      지, 동서가 그런 식이니까 서방님이 더더욱…

혜주   (O.L의 기분) 얼마나 악질인데 그래요 형님은.

아내   ???

혜주   모르는 소리 하지 마세요. 아니 회사 짤리라구 내가 고사 지냈
      어요? 친구한테 사기당하라구 불공 올렸어요? 다아 자기관리
      못하구 자기 멍청해 당한 일인데 왜 날 원수로 놓고 나한테 행
      팰 부리냐구요.

아내   ?? 뭐??

혜주   이게 행패가 아니구 뭐예요 그럼. 보시면서두 그래요? (난장판)

아내   뭔가 동서가 건드렸겠지. 괜히 왜 이래 서방님이.

혜주   별말 한 거 없어요. 자기 혼자 자기 자존심 망가진 거 분해서
      발작한 거예요…

아내	… (보다가 그만두고 입 다문다)
혜주	… 나나 하니까 여태 그냥 살고 있는 줄 아세요.
아내	동서대로 힘든 거 있겠지만 그래두 서방님한테 악질이니 멍청하다느니 발작이라느니 / 어이구우우 참… 한 일을 보면 열 일 안다구… 동서가 서방님한테 어떻게 하는지 안 봐두 보여. 서방님 지금 깨진 달걀이야아. 그렇거든 동서가 좀…
혜주	(O.L의 기분) 그 사람이 나한테는 어떡하는데요. 형님 그거 모르잖아요.
아내	…… (보다가) 아이구 그래. 그만하자. 그만하자구.
혜주	어떤 때는요 정말 소리 없는 총 있음 쏴 죽이구 싶어요오.
아내	???

S# 5 빌라 입구쯤

상수는 좀 위로 뜬 시선으로 상준 보고 있고 상준은 고개 땅으로 내리고 서 있으면서 한 프레임에 한동안…… 두었다가.

상수	…… (보며)
상준	…… (그대로) ……
상수	…… (보다가 잠시 다른 데로 고개 돌리면서) 참…… (도로 아우에게 얼굴 돌리며) 너 일자무식 깡패야? (언성은 높지 않으나 나무라는)
상준	……
상수	일껀 얘기해서 들여보냈는데 이게 뭐야…
상준	… 죄송해요.

상수   …… 공동주택이잖어. 니가 그 지경 만드는 동안 이웃에 끼친 폐가 얼마야…… 아니 그렇게 아무 생각 없어? 챙피하지두 않어? 누군지 뻐언히 다 알 텐데 이게 무슨 망신스런 짓이야, 대체… 너 앞으루 남부끄러 어떻게 드나들 거야. 엉?

상준   ……

상수   …… (보다가) 왜 그랬어… 왜 그런 거야. (하는데)
        자동차 라이트 비쳐지며 상수 / 라이트 피하듯 하는데.

마서방   (차 옆에 대면서) 무슨 일이에요 형님.

금실   (같이 내다보며 동시에) 오빠아 /

상수   어 어이 들어가. 마서방 할 일 많어. 너두 그렇구.

금실   다친 사람 없어요? 괜찮아요?

상수   없어 괜찮아.

금실   (아예 운전대 잡은 남편 가슴으로 비집고 나서며) 어우우우 작은오빠 왜 그러는 거야아아아.

상수   (O.L의 기분) 어서 들어가라니까.

마서방   (아내 밀치며) 예 예 형님. (자동차 뜬다)

상수   (팔 뻗쳐 아우 좀 끌듯 하고)

상준   (끌려가고)

S# 6 빌라 입구 승강기에서 내리는 금실 부부

현관 입구에 내놓아진 잔해들.

금실   (입 벌리며) 웬 난리야아아아.

마서방   전쟁이 진짜 컸나부다.

금실	어유 어유 (하며 벨 누르고) …… (잠시 후)
아내	(E) 누구세요.
금실	나예요 언니.

열어주는 문으로 들어가는 부부.

아내	(맞으면서) 고모부 잘 오셨어요. (소파 아래 깔았던 커다란 카
	펫 걸으려는 참이었다) 저거 좀 말아서 내놔주세요.
마서방	아 네.
아내	고모는 이리 와요. (엎어진 찬장)
금실	(핸드백 아무 데나 처리하면서) 기막혀 뒤루 쓰러지겠네. 이게
	웬 난리굿이야 정마알. (찬장 쪽으로 움직이며) 언니 유능하네
	에? 얼마나 약을 잘 올렸으면 작은오빠 이렇게까지 돌게 만들
	어어?
아내	어이 달라붙어요.
마서방	(O.L의 기분 아내와 동시에) 이거 완전히 쇳덩이네. 물 먹어서
	완전 쇳덩이예요오.
금실	혼자 하지 말구 가만있어 여보. 허리 다치면 일나. 가만있어 도
	와주께.
마서방	어 일단 말아보게. 말아보고.

일으켜지는 찬장 / 찬장 안에서 박살이 난 고급 찻잔들

금실	아이구너니나 아까운 것들… 웬일이라니이… ㅉㅉㅉㅉㅉ… 아
	이구우우우… 내가 하나 달라그래두 들은 척두 안 하던 언니
	보물들이 그냥 아작이 났네에…
아내	(옆에 있는 중짜 플라스틱 그릇 금실에게 주면서) 여기다 비워요.

금실	(받으면서) 그러게 인심이나 썼으면 좋은 소리나 듣지. 쯔쯔쯔쯔…
아내	아이구, 애기씨는 지금 그런 소리 할 때예요?
금실	(힐끗 혜주 쪽 보면서) 얻어맞지는 않았수?
혜주	실망했어요?
금실	??

S# 7 빌라 근처 벤치가 있는 곳

상수	(끝과 끝에 앉은 형제) …… (한동안 말없이 앞 보고 있다 고개 돌리며) 돌았냐? …… 해논 짓 보면 미친놈이지 정상이 아냐.
상준	…… 예에… 돌고 있는 거 같아요.
상수	…… (보며)
상준	… 해결이 안돼요…… 컨트롤이… 안돼요.
상수	잊구 담담해져 제발… (안타까워)
상준	……
상수	한평생 살면서 분한 꼴 한두 번 안 당해본 사람 어딨어. 분하려 들면 매일 몇 번씩이라두 분통 터질 수 있어……
상준	… 백 퍼센트 실패한 인간이에요.
상수	??? … 뭐야? … 뭐라구? …… 없는 집 자식으루 태어나 어쨌거나 소위 일류대학 마쳤구 / 손가락 꼽히는 기업에 들어가 승승 장구했구 / 나이 사십 두 달 남겨놓고 사장까지 올라가 십 년 멋들어지게 살았으면 됐지 무슨 욕심이 그렇게 많어.
상준	혀엉, (울컥해지면서) 무엇을 위해 그렇게 전심전력 다했는지

모르겠어요. 가족이 전부였고 회사가 전부였어요. 찬이 에미는 콧방구 뀌지만 / 그래요 좋아요 회사가 가족보다 먼저였대도 마찬가지예요. 결국 내 덕으로 누리고 산 건 가족이니까… 그런데… 회사에서 버려지니까 여편네 자식들까지 우습게 봐요. 그런 거예요.

싱수   … 상준아.

상준   나는 돈 벌어들이는 기계였을 뿐이에요.

상수   말 안 되는 소릴 왜 해애.

상준   아니에요, 틀려먹은 여자예요. 애들… 즈 에미하구 똑같아요. 방학 때 와서두… 녀석들 돈 달라 소리나 하게 생기면 아는 척 하구 그 외엔 눈두 안 마주쳐요… 기집애 밤늦게까지 돌아다녀 야단 좀 쳤더니 짜증나게 하지 말래요. 내가 짜증나게 만든대 요. 아들 놈 밤새워 음악 틀어놓고 게임하고 그러면서 / 낮 두 시 세 시에 일어나 좀 지껄였더니… 언제부터 그렇게 관심 있 었냐 빈정거려요.

상수   내버려뒀어? 찬이 엄마는 어떻게 애들을 그렇게 만들어놔.

상준   아까는 찬이 놈이 전화에 대고 나한테… 영어로 대밋… 그러드 군요. 욕이에요.

상수   … (할 말이 없고) …… (그러다가 올라서) 조기유학은 왜 보낸 거야.

상준   … 그렇죠… 설친 건 여편네지만 나도… 가능한 한 아이들한테 세상에서 유리한 고지에 설 조건 만들어주기 위해서… (입 꾸 욱 다물고)

상수	어리석기는… 그게 무슨 상관야…
상준	……
상수	나… 고등학교 졸업 무렵에… 아득한 옛날이지… 아버님이 그러셨었어… 니가 두뇌가 좋으니까…. 우리 집안에 물건 될 싹수 보이는 눔은 너니까… 너 하나만은 공불 끝까지 시켜보구 싶은데… 아버진 힘이 없다구… (그래서) 제대하구 곧장 경찰루 뛰어들었었지. 니가… 내 자존심이었구… (돌아보며) 내 자랑이었어 이 사람아…
상준	……
상수	그래두… 누구한테 니가 내 아우라는 말은… 해본 적이 없어… 행여…내가 너한테 누가 될까봐…
상준	…… (입 다물고 있다가 결국은 우그러지며) 우우우우 (입 앙 다문 채 울음이 새어나오기 시작한다) ……
상수	…… (보며)
상준	우우우우우우……
상수	못나빠진 거… 수퉁맞게 뭐야. … 하지 마.
상준	우우우우우우. 우우우우우우.
상수	(보며) …
상준	(아이처럼 흐느끼면서) 실직하구 두 달 지나니까 혀엉… 저 공치러 나가면서 아침을 찬밥 물 말아 장아찌랑 먹으라 그러더라구요.
상수	???

S# 8 빌라 입구

마서방 (나와 서서 두 사람 찾느라 두리번거리다가 이쪽인지 저쪽인
지 편의점 있는 쪽으로 어슬렁거리고 움직이기 시작한다)

S# 9 거실

거실은 대충 다 치워진 상태이고 세 사람 소파에 앉아서.

금실 ?? (보다가) 애들 생활비 보낼 돈두 없이 다 털어먹었단 거예
요?

혜주 아무리 그거도 없을까요.

금실 그런데 오빠가 왜 그래요.

혜주 자린고비 쫌보 심통부리는 거죠.

금실 ?? 자린고비 쫌보가 어떻게 언니나 애들 그렇게 최고루 사치시
키구 살아요. 무슨 말을 그렇게 해요.

혜주 누가 사칠 해요?

금실 누가 하는 사람요.

혜주 … 고모 수준에서는 사칠 수도 있겠죠. 그런데요 (남아 있다)

금실 (O.L의 기분) 지금 그거 나 무시하는 거예요? 핸드백 수십 개
/ 볼 때마다 다른 옷 / 것두 메이드 인 코리아는 절대 안 입구
/ 엥? 가구는 이거 다 이태리 프랑스제 아뉴? 소파구 식탁이구
침대구 국산이에요 국사안, 요즘은 국산두 너무 잘 만들어요오
오 한 거 다아 외쳅디다. 누굴 등신으루 알아요?

아내 (O.L의 기분) 지금 그런 얘기 할 거 없어요.

금실 사람을 무시하니까요오오.

아내	그러니까 찬이하구 통화하다 언짢아져서 그거 때매 그냥… 그 거 때매란 말야?
혜주	네… 혼자 라면 끓여 먹더니
금실	(O.L의 기분) 뭐라구요?
혜주	(금실 돌아보며) 그 사람 자기 먹을 거 자기가 해결한 지 오래 돼요오.
금실	???
아내	???
혜주	밥해줘도 안 먹어요. 상 다 차려놔줘도 못 본 척 자기 밥 냄비 에 따로 해서 된장찌개, 햄찌개 자기가 끓여먹어요. 한번 오그 라지면 펼 줄을 모르는 사람이에요. 내가 얼마나 지독한 고문 을 당하고 사는지 누구도 몰라요.
아내	서방님이 삐지면 좀 가기는 가 알어.
금실	(버럭) 얼마나 오장을 뒤집었으면 남자가 자기 밥 자기가 해 먹게 만들어어어?
혜주	하루 아침 일찍 운동가게 생겨 전날 먹던 밥 물 말아 먹으랬더 니 그날부터예요.
아내	??
금실	??? (기함을 하겠다) 실직하구 사기당하구 들앉었는 사람 자기 운동 간다구 찬밥 물 말아 먹으랬다구요?
혜주	밥솥 밥이라 찬밥은 아니었어요.
금실	어어어어 (기막혀 내는 소리)
혜주	어쩌다 형편따라 그럴 수도 있는 거지 자기가 무슨 상감마마예

요? 찬밥 좀 먹으면 죽어요?

금실 (열 확 치받아서) 상감마마 대접 받구두 남죠 그럼. 누구 덕에 골프 치구 자가용 타구 화려하게 사는데 따뜻한 밥 대접 못 받아요.

아내 (금실 말리는 액션)

금실 (상관없다) 듣다보니까 꼭지 돌아버리네 진짜아? 나 우리 마서방 헐렁거려 종종 사고치구 다녀두 아침 찬밥 먹인 적 없어요.

혜주 그건 애기씨 방식이구요.

금실 염병할 방식은 무슨 돼먹잖은

아내 (O.L의 기분) 가만 좀 있어요. (좀 나무라는)

금실 (식닥식닥)

아내 건 동서가 백번 잘못했구먼.

혜주 (아내 보는데)

금실 백만 번 잘못이지.

아내 서방님이 좋은 때라면 또 몰라. 좋은 때보다 더어 신경쓰구 더어 살펴줘야 하는 건데 안 그래두 힘든 사람한테 너무 무신경했구먼. 골 날만 했어.

혜주 사과 안 했겠어요?

금실 그래서 혼자 라면 끓여 먹더니 그때부터 두들겨 부수기 시작했어요?

S# 10 벤치 있는 곳
울음은 진정됐고.

상준 우리… 별로예요… 물론 절약해 살면 밥이야 먹겠지만.

상수 (O.L의 기분) 별로라니. 그놈이 들구 튄 거 말고도 꽤 남아 있는 거 아냐?

상준 애들하고 에미가 많이 녹여 없앴더라구요.

상수 ?? … 넌 뭐 한 거야, 대체. 그거두 모르구.

상준 주식관리만 내가 하고… 나머지는 다 갖다줬지요.

상수 …… 전적으루 니 책임이야. 이제 말이지만 세일 에미가 몇 번 그러더라. 찬이 엄마 치장 값도 너무 쓰구, 어쩌다 니 집에 가 보면 냉장고며 냉동고에 너무 쟁여놓구 산다구. 냉동고에서도 너무 오래 있으면 버려야지 맛 변해 못 먹는데 아까와 죽겠다면서.

상준 …

상수 아무리 일에 미친 녀석이라지만 눈 감구 드나들었냐?

상준 중간중간 브레이크 걸었어요… 다… 세일에서 비지값으로 사고… 미국에서 보내준 거라 그러고… 알며 속고 모르고 속고… 싸우기 싫어 대충 그렇게 넘어가군 했는데… 설마 그렇게까지 겁 없이 사는 줄은 몰랐어요…

상수 주식은.

상준 좀 갖구 있기는 하지만 상당한 기간 희망 같은 거 없어요.

상수 원 <u>쯔쯔쯔쯔</u>.

상준 애들 생활비 통장 바닥난다구 둘이 번갈아 전화하고 애엄마 시끄럽게 떠드는데… 혀엉… 치사하지만 십 년 전 처남들이 가져간 돈 생각이 나서요.

상수　　???　(처음 아는 소리다)

상준　　… 거기 가 받어 쓰라 그러구 안 보내주구 있어요. 자리 완전히
　　　　잡아 좋은 동네 집 사 앉았을 정도면… 내가 뭐라기 전에 애엄
　　　　마가 나서야 하는 거 아니예요?

상준　　(E) (보는 상수 위에) 공치사한다 소리나 하구… 직접 가 받으
　　　　라 소리나 하구…

상수　　…… (보며)

S# 11 가겟방들이 있는 골목을 기웃거리며 찾아다니고 있는 마
　　　서방

S# 12 벤치

상수　　… (앞 보며 있다가) 그래서 때려부쉈어?

상준　　…… 나요 왜 이렇게 앞으로 살 일이 겁이 나는지요… 겁이 나
　　　　죽겠어요.

상수　　… (보며)

상준　　두 놈들 시집장가도 보내야죠… 또… 돈만 잡아먹구 결국은 죽
　　　　는… 그런 병이라도 덜컥 걸리면 어떡해요… 집을 줄여 옮기자
　　　　했지요…

상수　　…… (보며) …

상준　　죽으면 죽었지 집 못 줄인대요. 집 줄여가며 비참하게 살 수 없
　　　　다면서 친구들한테도 챙피하고… 저엉 집을 줄일 참이면 이혼
　　　　하재요. 집 팔아 삼분의 이 / 자기하고 애들 앞으로 주고 이혼

하재요… 미국으로 간다고.

상수　……　(보다가 외면하고)

상준　못 참겠더라구요…

상수　(동생 안 보는 채) 너… 결혼할 때 어머님이 찬이 엄마 별로였던 거 기억하지.

상준　… 네.

상수　이제야 말이지만 세일이 엄마두… 금실이두… 여자들 시끄러웠었어.

상준　(멍하니 앞 보며) … 알아요.

상수　후우우우 (한숨 내쉬는데)

마서방　(E) 형님. (상수 고개 소리 나는 쪽으로) 형님들 아니세요?

상수　어 그래.

마서방　(화면으로 끼어들며) 어어이 여기들 계신 걸 엄한 데만 찾아다녔네요 흐흐.

상수　(일어서며) 다 치웠어?

마서방　네 형님.

상수　마서방 술 한잔 사라.

마서방　아 예 그러죠. 사구말구요.

S# 13 거실

혜주　(좀 올라 있다) 형님하구 애기씨 지금 나 앉혀놓고 무슨 청문회 하는 거예요?

아내　?

금실　?? 왜 그렇게 받아들여요?

혜주　(발딱 일어나 주방으로 움직이면서) 처음부터 지금까지 전부 다 뭐든지 다 내 잘못이라는 비판 아니에요?

금실　언니.

혜주　겪고 있는 건 그 사람뿐만이 아니에요. 나두요 (냉장고 열어 물병 꺼내면서) 그이 하루아침에 목 날아가니까 모두들 무슨 크은 부정이나 해서 잘린 거 아닌가 캐구 싶어 죽겠는 친구도 있구요.

금실　(버럭) 그딴 게 무슨 친구예요. 단칼에 잘라버리지.

혜주　(마시고 컵 내리며 연결) 소리 좀 지르지 마요, 귀 안 먹었구 아주 불쾌해 죽겠어요 네?

금실　목청이 커서 그래요. 그리구 내 기분 너무 나빠 지금 언니 기분 봐줄 때가 아니네요.

혜주　(제 물컵 들고 움직이며) 내막 모르는 친구들은 퇴직금 왕창 받았을 텐데 운동은 왜 꽁무니 빼냐는 둥 자존심이 얼마나 상하는지…

금실　(O.L의 기분) 아 나두 속타요. 자기 물만 갖구 오지 말구 (하는데)

아내　(금실 가만있으라는 뜻으로 건드리고 제가 일어나)

금실　(잠깐 멈췄다가 연결입니다) 참 대애단한 거 겪네요. 골빈 여편네들 씩뚝깍뚝 지껄이는 소리 듣는 게 오빠 죽을 맛에 댈 거라구 내봐요?

혜주　(오다 멈춰서 한 모금 더 마시고 내리며 받는다) 애들은 어떤데요. 은행에 최소한 이삼만 불은 넣어놓고 쓰다가…

금실   (O.L의 기분) 그래 그렇게 내버린 돈이 지금까지 대체 얼마나 돼요? 조기유학은 무슨 수운 허영이지.

혜주   (발끈) 아가씨가 우리 애들 용돈, 유학에 보태준 거 있어요? 그렇게 말할 건 아니죠오.

금실   엄머머머 돌겠다. 일부러 바꿔까지 났다가 방학 때마다 백 불씩 준 건 왜 떼먹어? (내밀어지는 물컵 받으면서) 셈이 그러면 못쓰죠오오.

아내   물이나 마셔요 얼른.

금실   (벌컥벌컥 마시고)

혜주   이제 그만들 가주세요.

금실   (물 마시다 놀라는 바람에 물 출렁하고) ????

아내   (그냥 보고) ……

혜주   (이마 잡으며) 눈알이 빠지는 거 같아요.

아내   약을 먹어.

혜주   (안방으로 가려 하는데)

금실   (벌떡 일어나며) 그렇다구 대놓구 가란 데가 어딨어요. 아니 우리가 집이 없어 밥이 없어 여기 비럭질하러 왔어요? (소파에서 빠져나가며) 터진 김에 다합시다. 나 아주 여기 와서 보면 열딱지가 나 참을 수 없는 게 / 언닌 운동장만 한 방에 공주님처럼 꾸며놓고 살고 울 오빤 반쪽밖에 안 되는 방에 애들 쓰다처박아둔 고물 침대에 재우구…

혜주   (O.L의 기분) 나 싫어 딴방 살림 차린 거 오빠예요. 애기씨는 부부 의좋아 모르겠지만 남편이 거들떠도 안 보는 여자 심정 알기나 해요?

금실 (잠깐 멈칫했다가) 남자는 여자하기 나름이라대요.

혜주 여자도 남자하기 나름이에요. 짤렸으면 짤렸지 지금 세상에 발에 채이는 게 짤린 남잔데 그 남자들 다 찬이 아빠같이 굴어요? 멀쩡하게 자구 일어나 나오면서 이마에 내천자 짝 만들어서는 화장실 청소는 하는 거냐 안 하는 거냐 / 서랍 정리는 언제 한 거냐 / 반찬 가짓수가 왜 이렇게 많냐 / 냉장고가 터진다 음식이 썩고 있다 빵점짜리 여편네다 / 전기료 물값 전화요금 좀 줄여라 / 누구한테 보일려고 미장원이냐 / 이런 꼴 당해봤어요?

아내 동서.

혜주 나두 정말 미칠 지경이에요오. 알지도 못하면서 나만 잡지 마세요들. 이건 얼마나 못돼 처먹은 성질인지 친구도 다 끊고 직장 선후배도 다 끊고 콱 틀어박혀 나까지 징역살이시키면서 볶아대는데…

금실 (O.L의 기분) 징역살이는 무슨 전화하면 세 번에 두 번은 없던데에.

혜주 (안방으로 들어가며 소리치지 말고) 그거도 안 나가고 집에 있으면 나 죽어요.
(E) 쾅 닫히는 문.

금실 …… (입 벌리고 보다가 아내에게) 아니 못돼 처먹은 성질이라니, 저게저게 평생 뼈빠지게 벌어다 바치는 거 받아먹은…

아내   (고개 흔들흔들 흔들어 금실 입 막아놓고 소지품 챙긴다)

금실   (이걸 더 해 말어) …

S# 14 빌라 입구

두 여자 나오면서.

금실   (핸드폰 찍는다. 단축) … 나가더니 왜 함흥차사야? 어딨어? …
        집에 안 가?

S# 15 근처 두부집

마서방   (자리에서 일어나며 상수 눈치 보듯) 아 가야지이. 형님 지금
        몇 시예요. (상수, 상준 누구도 시계 없고) 아주머니 몇 시예요.

아주머니   열시 넘었어요. (와 동시에)

상수   오라 그래. 가자구. (상준 보며) 그만 일어나야지.

마서방   이리 와. 우리 지금 두부집 있어 여보.

S# 16 빌라 입구

금실   알었어…… 아 얘기는 무슨 말이 통해야 해먹지. 수준이 안 맞
        어서. 응 금방 가. 오 분이나 걸리나? 알었어. (끊고) 갑시다.
        (주차한 곳으로 움직이며) 두부집 있대요.

아내   (그쪽으로)

S# 17 두부집 앞

와서 세워지는 자동차.

S# 18 자동차 안

금실 (사이드 채우고 비상등 켜고 핸드폰 단축) … 어 왔어. 빨리 나
와. (핸드폰 끄면서) 그건 참 그렇겠어요.

아내 ?? (뭐가)

금실 각방 쓰는 거요. 부부는 죽으나 사나 잠자린 떨어지면 안 되는데.

아내 (차에서 내리면서) 금방 나온댔어요?

금실 나올 거예요. (하며 저도 내리면서) 한 방에 있어야 얼었다가
두 녹구 그러는데 계에속 얼기만 하니 피차 웬술 수밖에요.

S# 19 자동차 밖

아내 (두부집 보며) ……

남자들 나온다.

형제는 둘 다 묵묵히, 마서방은 괜히 두 사람 눈치보며…

상수 들어가라.

상준 네.

상수 아뭇소리 말구.

상준 (끄덕이고) 죄송합니다 형수님.

아내 (그냥 안쓰러워 보고) …

상준 (돌아서 걸어가기 시작하는데)

금실 (나 같이 보고 있다가) 작은오빠두 질하는 기 없다.

상수 (금실 보고)

금실 (아내에게 팔 잡히면서도) 어떻게 좀 잘해봐 으응?

마서방 가만있어.

금실   (남편 잠깐 보고 입 다물고 상준 쪽 보면서 크렁크렁 눈물이
고인다) ……
다 같이 보면서.

S# 20 뒷모습 보이며 가고 있는 상준

S# 21 네 사람

금실   …… (한 프레임에서) … 어우 차아암…… (속 아파서)

S# 22 상수의 언덕길을 올라와 대문 앞에서 멈추는 마서방의 자동차

상수와 아내 / 뒷좌석에서 내리며 동시에 운전대에서 내리려
는 마서방 제지하는

상수   내리지 마, 내릴 거 없어 마서방

마서방   (그러나 이미 내렸고) 너무 속상해하지 마세요 형님.

상수   (끄덕이며) 어이 가.

마서방   쉬세요.

아내   가세요 /

마서방   (차로 오르고)

금실   (내린 유리로 내다보며) 가요.

아내   (끄덕이고)

마서방   (차 돌리는데)

상수   운전 조심해. 천천히 가아.

마서방 걱정 마세요 형님.

S# 23 상준의 거실
(E) 거실에 울리는 현관벨 소리.

S# 24 현관 밖
상준 (난동의 잔해들 쌓여 있는 것 내려다보며) …… (다시 벨 누른다)
현관문 열리고.

S# 25 거실
혜주 (현관에서 물러서 곧장 안방으로 움직이고)
상준 (들어서서 멈춰 선 채 보는) ……
닫히는 안방문.
상준 …… (잠시 더 있다가 제 방으로 천천히 들어가 문 닫는다)

S# 26 상수의 안방
아내 (방 훔치고 있다. 잠옷 바람) ……
(E) 밖에서 화장실문 여닫는 기척 들리고.
상수 (머리 털면서 들어온다)
아내 (잠깐 돌아보고 도로 방 훔치는)
상수 (머리 털던 수건 목에 걸치고 이부자리 꺼내 방바닥에 놓아준다)
같이 이부자리 펴면서.
아내 낼 아침에 감지… 금방 못 드러눕잖아요…

상수	…… 뭐래.
아내	(무슨 질문인지 안다) … (보며)
상수	찬이 애비가 뭘 잘못한대.
아내	아… 새벽같이 나갔다가 한밤중에 들어오곤 하던 사람이 집에만 있으니까 그거두 못할 노릇이에요 여자 쪽에서는…
상수	그 말 이상하다. 날더러는 직장 얻으려 애쓰지 말구 그냥 있으라면서.
아내	(헤식게 웃으며) 나는 나구우… 에이 그리구 서방님 까탈스러운 거야 기본 아뉴. 우리한테서 학교 다닐 때두 당신보다 서방님이 더 어려웠는데 뭘.
상수	몇십 년 살구 여태 그거두 몰랐대?
아내	알았겠지만 회사 다닐 땐 정신 딴 데 팔려 있었으니까 지금처럼 일일이 들키진 않았겠지.
상수	??
아내	냉장고 검사까지 한대애. 잔소리가 이루 말을 할 수가 없대.
상수	…
아내	고모가 한마디 하면 열두 마디 하던데 뭐. 자기가 더 많이 아퍼. 서방님보다 자기가 더 아프더라구.
상수	그래서 벌어다준 돈 다 써 제껴 애들 학비 보내는 거두 손 오그라지게 만들어놓구 그거두 모자라 남편을 개떡 취급한대?
아내	?? 돈 없대요?
상수	사람이 염치가 있어야지. 무슨 할 소리가 있어 그 입장에. 십년 전에 친정에서 묫돈두 빼갔다더라.

아내	???
상수	그 얘기 해?
아내	아니… 고모 알면 난리나겠네……
상수	……
아내	고모 힘들 때는 모르쇠하더니… (하기는) 우리한테는 뭐 알어 쇠했나… 우리 애들 결혼에두 달랑 부주 백만 원… 서방님 고등학교 일학년 때부터 구년을 데리구 밥해 멕이구 빨래해 입히구 학비 대구 교통비 대구…
상수	그만둬.
아내	우리 애들은 구경두 못하는 과일이 그 집에서는 썩어나가구 그렇게 살면서 명절 차례 제사 때 기껏 고기 서 근으루 입 씻더니…
상수	너저분한 소리 그만둬. (그만두라니까?)
아내	너저분해도 좀 해야겠어요. 내 생일에 그거두 어쩌다가 변덕나면 사들구 온 브라우스 나부랭이 / 어이구우우우 아무리 없이 산다구 그럴 수가… 저는 전부 다 외제루다 휘갑을 하구 살면서 이건 동대문시장인지 남대문시장인지…
상수	상준이가 그런 거 아니야. 그놈이 그런 거 알게 뭐야. 안 사람 짓이지.
아내	(뭔가 반박하고 싶어 남편 보다가 그만둔다) 에유 맙시다. 그래요. 지금 그게 무슨 문젯거리라구. 언제 덕 보자구 공부시켰나. 그저 그렇다는 말이네.
상수	찬밥 물 말아 장아찌랑 먹으란 거 알어?

아내   들었어요.

상수   잘하는 짓이래?

아내   잘못인 줄 알면 그러겠어?

상수   뭐라구 안 해줬어?

아내   하면 뭐 해… (쓰게 웃으며) 말마따나 생각하는 방식이 다른
      사람인데.

상수   ?? 뭔 방식?

S# 27 상준의 서재

상준   (침대에 등 기대고 두 다리 벌려 세우고 앉아 소주병 들이켜고
      있다) … (들이켜고 내리고…… 들이켜고 내리고……)

S# 28 상수의 안방

      부부 누워서 불 끄고……. (한동안 그대로 있다가)

상수   (몸 뒤집는다) ……

아내   …… (움직이지 않은 채) 술 주까요?

상수   ……

아내   …… 응?

상수   놔둬어… (하고 땅이 꺼지게 한숨)

      (F.O)

S# 29 상수 집 빈 거실 / 오전 10시쯤

아내   (외출 차림으로 안방에서 나와 열쇠로 안방문 잠그고 현관으로)

S# 30 현관 밖 마당

아내   (나와서 현관문 잠그려는데)

       (E) 비이이익 현관 초인종 소리.

아내   ?? (올 사람 없는데… 대문 쪽으로) 누구세(하는데)

세일   (E) 저예요.

아내   (대문 열고 보며) … ? 왜애? (무슨 일?)

세일   잠깐… 얘기 좀 하려구요. 나가시는 길이에요?

아내   응. (평상 쪽으로 움직이며) 무슨 얘기? 저기서 해두 되지?

세일   네…

아내   (먼저 걸터앉으며) 앉어.

세일   아버지는요.

아내   (아들 좀 빤히 보는 느낌이며) 안 계셔…… 무슨 얘긴데.

세일   저기…

아내   뭐… 축의금 얘기냐?

세일   … 네. 그게…

아내   (O.L의 기분) 못 준다 그랬는데 그래두 기어이 받어가야겠냐?

세일   그게 아니라…

아내   그게 아니면… 맘 편히 잘 쓰라구?

세일   … (엄마 못 보면서)

아내   … (보다가) 얘 거북해. 그러잖어두 아버지두 뭐라시구 그거 뺏은 내 맘 편한 거 아냐. 그런데두 어쨌든… 그랬다. 그래두 크게 죄 될 건 없다 싶어서 그런 거야.

세일   (안 보는 채) 어려워 그러시는 거 알아요.

아내	그래… 아버지 통장에 단돈 78만 원 있어… 다달이 연금 말고는 그게 니 아버지 전 재산이야.
세일	(끄덕이며) 엄마 쓰세요. 수미하구두 얘기했어요.
아내	… (보다가) 애 내가 못 준다 그럼 그만이지 니들 허락받을 일은 아니야. 반드시 니들 몫이라는 법 없어. 형편 돼 주구 싶으면 주구 아니면 안 주구 내 마음이야.
세일	(그래도) 세영이는 주셨잖아요.
아내	?? 세영이 시집갈 땐 니 아버지 퇴직 전이었구 그리구 나 / 허리 고장두 안 났었어, 그리구 또 걔는 딸이구. 즈 시집에 밉보일까봐 한 번씩은 시부모님 냉면두 사드리라구 그런 거야.
세일	알겠어요. 그런데 저… 순수하게 제 앞으로 / 저 보고 낸 축의금은 주셨으면 좋겠어요. (하며 보고)
아내	…… (보며)
세일	수미 보기도 좀 그렇구요… 수미네는 안 그러나봐요.
아내	(언짢아져서) 뭐라 그러대?
세일	아니 말은 안 하는데
아내	눈치 보여?
세일	조금은요.
아내	…… (보다가) 못하겠다… 다 먹구 말래.
세일	?? … (보다가) 어이 참 엄마 왜 이렇게 갑자기 변하세요. 저 카드빚도 갚아야 해요. 제 껀 주세요 네?
아내	웬 카드빚?
세일	월급 타는 거 거의 적금 넣었다가 아파트 얻었잖아요. 연애하

는 데 돈 안 들어요?

아내 그거…… (보며) 니가 갚아.

세일 ??

아내 니 둘 월급 나오고 보나스 나오고 못 갚아? 둘 다 직장 있구 살 날 앞으루 많구 니들 형편이 니 아버지하구 나보다 못해?

세일 (보며) ……

아내 니 아버지 하다 안 되면 주유소 취직하시겠대 이 녀석아. 어쩜 그렇게 인정머리 없이 니들만 알어. 나쁜 것들 정말 나쁜 것들. (감정 오르며)

세일 (당황해서) 저 엄마 아니 저 엄마… 저기요 꼭 달라는 게 아니라 혹시…

아내 (O.L의 기분) 니들은 니 아버지 불쌍하지두 않냐? 펴엉생 목숨 내놓구 빛두 안 나는 경찰 공무원. 쥐꼬리 봉급에 목 매달구 낮밤 없이 이리 뛰구 저리 뛴 니 아버지 / 환갑 나이에 겨우 밥이나 먹을 연금밖에 안 남은 니 아버지 / 가엾지두 않냐 말야 이 것아. 이 싸가지 없는 자식들아아아. (터진 김에 아예 내놓는데)

S# 31 어느 낚시터 풍경

낚싯대 드리우고 앉아 있는 상수와 상준 / 둘 다 묵묵히…….

상수 (물 보며 뜬금없이) 각방을 왜 써… 각방 쓰는 거 좋은 일 아냐. 오늘이래두 합쳐…

상준 … (그대로)

상수 (잠깐 돌아본다) ……

상준	(변화 없이) ……
상수	(도로 물로 고개 돌리면서) 그리구… 살림을 어떻게 하든지 상관말어어… 사내자식이 뭐 여자 살림 참견까지 해… 잔소리 좋아하는 사람 어딨어… 니 형수두 야… 어쩌다 한마디하면 눈 하얗게 뜨구 싫어하더라.
상준	……
상수	나는 그저… 니 형수가 싫다는 짓은 안 하자는 주의야… 평생을 그렇게 살아왔어. 안 그럼 싸울 일밖에 더 있어?
상준	…
상수	너만 옳다구 우기지 말구 역지사지 바꿔놓고 생각해봐… 찬이 엄마는 그 나름대로 또 얼마나 힘이 들겠어… 출근만 시켜노면 온통 다 자기 세상으루 살던 사람이 그거 못하는 것만으루두 스트레슬 거야.
상준	…
상수	집에만 있지 말구 좀 나가. 나가서 사람두 만나구 돌아다녀. … 나하구 같이 어디 지압 같은 거 가르쳐주는 학원이래두 다닐래?
상준	?? (돌아본다)
상수	아 골병든 니 형수 좀 만져주까 그래서… 허리만 부실한 게 아냐.
상준	(고개 도로 물로)
상수	아니면 스포츠댄슨가 뭔가 그거 배우러 다니까? … 그거 배우면서 세상이 달라 보인다는 사람두 있드구나. 부부가 같이 배우면 아주 좋대.

상준   형님이나 하세요.

상수   … (아우 보다가 물로 고개 돌리며) … 그룹 계열사 사장이 뭐 별거냐? 그건 그저 이 사회 안에서 홍상준이 맡았던 역할이고 그건 니 한 부분일 뿐이지 니 전부가 아니야. 애비로서의 니가 있구 남편으로 니가 있어… 또 형제 속에 너도 있는 거고…… 이제 그만 졸업해… 졸업할 때 됐어…

상준   ……

마서방   (E) 형니임…

낚시터 식당에서 튀어나온 마서방.

마서방   (손 흔들면서) 오세요오오 식사준비 다 됐어요오오오.

상수   (손 흔들어주고) 밥 먹자…

S# 32 일산으로 가는 버스 안

아내   (뿌우해서 생각에 빠져 흔들리고 있다… 그러다가 시선이 창 밖으로 옮겨지는데 심란에 처량이 섞여서) …

S# 33 금실의 고깃집

S# 34 고깃집 안

그서 심심치 않을 정도의 손님들.

들어서는 아내.

금실   (거스름돈 주면서) 감사합니다 또 찾아주세요오. (하고 손님 나가는 것 배웅하듯 고개 돌렸다가) 아이구머니나 언니이. (계산대에서 빠져나오며) 이게 무슨 일이래요오오?

아내   (피식 웃으며) 놀랐지? 놀랐을 거다.

금실   (한 손으로 가볍게 아내 어깨 때리며) 오호호호. 언니 점심, 점심 아직 안 먹었죠.

아내   팔푼인가? 고기 파는 집에 오면서 밥 먹구 오게요.

금실   와하하하하.

S# 35 테이블 아닌 방

종업원이 들고 온 쟁반에서 반찬이며 고기접시며 거들어 집어 내면서.

금실   그런데 진짜 웬 바람이유우우?

아내   평창동 가 얘기 좀 할려구 나섰다가 부아가 터져서 이리 왔어요.

금실   ? 왜요.

아내   나하구 쇼핑 가요. 오늘 내가 오십만 원, 아니 백만 원 쓸 거야.

금실   ??? 천지개벽하겠네에? 오만 원만 넘어가면 살 떨리는 언니가 아? 로또 당첨됐어요?

아내   호호, 맞어요. 로또됐어요. 우리 양반 추동복도 한 벌 사고 바바리코트도 하나 사고 구두도 반부츠로 하나 사고 그럴 거예요.

금실   그럽시다. 그런데 부아는 왜요? (이미 고기 굽기 시작하는)

아내   그게… 아… 이번 혼인에도 세영이 넌 결혼 때 입었던 양복 입었잖아요. 그냥 괜히 무뜩 에이 이러고 살어서 뭐 하나 싶은 게 / 그래서요.

금실   난 또 뭐라구 (흘기며 웃는) 언니느은.

S# 36 할인매장

금실과 함께 옷 고르고 있는 아내.

매장 점원과 자유롭게 현장 맛을 내 주세요.

S# 37 양말 고르고 있는 두 여자 /

S# 38 구두 가게의 두 여자

S# 39 사치스럽지 않은 찻집 / 매장 안에 있으면 것도 상관없고

아내   (쇼핑백들 수북이 옆에 놓여 있는데 스트로로 아이스커피 쭈 욱 길게 한 번 빨아들이고 입 떼면서) 어이 이제 속이 좀 후련 하네. 커피도 시원하구 맛있구. (하며 시누이와 눈 맞추고 웃는)

금실   아까 그 투피스 언니한테 딱이던데에… 내가 사준다니까아.

아내   아이 됐어요. 나는 그래두 영업집 일 다닌 덕에 아주 없지는 않 다니까요.

금실   언니 보내놓구 내가 사야지.

아내   하지 말어요. 싫다니까아?

금실   여보세요. 여기 시럽 좀 더 주세요. (종업원 대답하고 시간 알맞 게 시럽 갖다 놓아주고 금실 시럽 따르고를 진행시켜주세요)

아내   내가 무슨 돈을 펑펑 썼는지 알어요?

금실   ?? 로또 됐다면서요.

아내   나 있지요 애기씨. 세일이 혼인 때 들어온 축의금 내가 다 먹었 어요.

금실	어머 기특해라. 세일이가 그래요?
아내	그러기는, 무슨 아주 따악 즈들 챙기는 걸루 알구 있던데.
금실	??
아내	못 준다 내가 쓴다 그래 버렸어요. 세영이 때 집 잽혀 시집보내는 줄 뻔히 알면서 고 기집애가 일 원 한 푼 안 내놓고 난짝 집어들구 가는데 어찌나 허탈하구 괘씸한지 그때부터 정신 차리기루 결심해뒀었어요. 자식이 내 맘 같기 바라는 건 말짱 헛물 켜는 거다. 니들 두구보자… 그러구 이번에 세일이 녀석한테 복수했죠.
금실	(안됐어서 보는) …
아내	고약한 에미죠.
금실	아니 잘했어요. 즈들이 변했으면 우리두 변해야 하는 거에요. 자식들은 그저어 지 잇속만 챙기려드는 세상에 왜 부모만 미련하게 옛날 구닥다리 식으루 피 흘리며 살아요? 대찬성이에요. 진짜 잘했어요.
아내	그래두 어째 맘이 그렇게 편하지는 (울먹해지며) 않네요.
금실	(보며) …
아내	애들은 지 아부지랑 내가… 딱한 맘이 없나봐요. 나는 안 그랬는데에…
금실	너머어 해 바치기만 해서 그래요. 그렇게 키우는 애들이 그럽디다.
아내	해 바치기는 없는 살림에 간신히 학비 댄 거지 뭐.
금실	아유 내가 알어요. 언니가 얼마나 죽을뚱살뚱 / 아 친구들이 다

꽤 사는 집 애들인 줄 알게 뒷바라지했음 됐지 더 뭘요.

아내 (수습하고 웃어 보이며) 그래서 나 이번 제사 지나구 그이랑 같이 제주도 여행두 갈 거예요. 세일이한테 뺏은 걸루 맛있게 여행하구 올 거예요. 어 참 애기씨 말 난 김에 한 삼박사일 여행 가방 좀 빌려줘요. 우리 껀 너머 옛날 건 데다 그이가 십수 년 출장 끌구 다닌 거라 아주 꾸적지근해서 못봐줘요.

금실 흐흐흐 알었어요. 아예 집에 들러 갖구 가세요.

아내 그래 그래야겠네. (웃으며)

S# 40 상수의 집 언덕길

쇼핑백들과 여행가방 들고 올라오고 있는 아내….

대문 앞에서 짐 놓고 열쇠로 문 따 열어놓고 짐 집어드는 데서.

S# 41 거실

아내 (들어오는데)

(E) 울리기 시작하는 전화벨.

아내 (서둘러 움직여 받는다) 네에 부암동입니다.

세영 (F) 엄마 딸.

아내 그래.

세영 (F) 있잖아요 우리 영화 보구 들어가는 길인데 밥하기 싫어. 저녁 좀 먹여줄래요?

아내 평생 해 먹어야 하는 밥인데 벌써 하기 싫으면 어떡해.

세영 (F) 귀찮아아.

아내   나두 귀찮아, 얘. 니 아버지 작은아버지 데리구 낚시가 늦으실
      거구 라면 끓여 먹구 말 거야.

S# 42 언덕길 입구

집으로 올라가려던 참에 멈추어 선 채.

세영   (핸드폰) 으으응 엄마 왜 그래요오. 우리 엄마 아닌 거 같어어.

아내   (F) 니 엄마 맛 갔다니까아? 니들한테서 손 털었어 나아.

세영   우리 지금 다 와 가는데요?

아내   (F) 뒤로 돌아 니 집 가 해 먹어. 엄마 니들 종 아냐. 꿈 깨라 얘.

세영   (끊긴 전화 보다가 앞에 있는 안서방 본다 / 뿌우우) 우리 엄마
      진짜 이상하다아.

안서방 오지 말라셔?

세영   우웅.

안서방 내 말이 맞다니까아. 형님이 / 뭘 잘못해두 대애단히 잘못한
      거야. 안 그러면 장모님이 그러실 분이 아냐.

세영   오빠가 잘못했으면 오빠한테만 화내면 되지 왜 우리까지 싫다
      그러냐?

안서방 고래 싸움에 새우 등 터지는 거야. (돌아서며)

세영   (같이 돌아서며) 기자가 그렇게밖에 말을 못해? 고래 싸움이
      라니, 오빠랑 엄마가 어떻게 동급 고래가 되니. 아빠 엄마 싸움
      이면 모르지만. 나한테 기사 검열 받는 거 까먹지 마. 까먹었단
      봐라.

안서방 뭐에 찍혔지이이?

S# 43 상수의 집 안방

아내 쇼핑백 비워 옷장에 거는 작업 마지막 단계 중. 상수 옷장
칸 헐렁.

아내   … (혼잣말) 어이구우우 그래두 헐렁하네. (장문 닫고 쇼핑백
들 집어 보관용으로 접으면서 혼자 노래하듯이) 저녁 생각은
없고요오오오… (하다가 손 멈추고 생각하는) … (어쩌나 가나
마나) …

S# 44 낚시터

트렁크에 세 사람 짐 싣는 마서방과 상수.

마서방   거의 죽음일 텐데요.

상수   ?? (움직이며)

마서방   맥혀서요. 아홉열 시쯤 움직이는 게 백번 난데.

상수   … (아무 대꾸 안 하고) …

마서방   (트렁크 닫으며) 타세요.

상수   (뒷좌석으로 / 마서방은 운전석으로)

S# 45 차 안

상수   (타면서 아우 보면)

상준   (뒤로 기대어 자는 듯이 보이고) …

마서방   (타서 벨트 하고 시동 걸려는데)

상수   이봐 물 샀어?

마서방   아 / 아아아 물 물. (하고 도로 내려 식당이나 매점 쪽으로 가

는데)

상수   (아우 보면서) …… 자아?

상준   ……

상수   (바라보며 안쓰러워서) ……

S# 46 빌라 주방

아내   (서 있고) …

혜주   (차 준비하는) …

아내   집에 있었어?

혜주   헬스 갔다 왔어요.

아내   ……

혜주   (찻잔 놓으며) 앉으세요.

아내   (앉고)

혜주   (앉는다)

아내   …… (찻잔에 첨가물 넣으며) 반갑잖겠지만 그래두 한 살이라두 더 먹은 사람 말… 해로울 거 없을 거 같아서…

혜주   (찻잔 저으며) 잘해주라는 말 하러 오신 거 알아요… 그런데 어떡해야 잘하는 건지… 어떤 방법을 써야 통할지… 혹시 비법 있으면 가르쳐주세요.

아내   … 그저 마음 잘 쓰는 거 말구 무슨 다른 게 뭐 있겠어.

혜주   내가 맘을 잘못 쓴다 그거죠.

아내   동서 힘든 것도 이해해. 왜 힘이 안 들어 한 사람이 깊은 병 들었는데.

| 혜주 | … (찻잔 들며) |

| 아내 | 그런데 내가 보기에는 동서가 별 도움이 안 되는 거 같아. |

| 혜주 | (찻잔 도로 놓으며) 네 어떡해요 그러니까. |

| 아내 | 서방님 아파아파 하는데… 그래 아플 거야 너무 아프지 그렇게 아파 어떡해. 위로가 되게 보드랍고 따듯하게 그래야 하는데… 동서가… 나는 더 아프다구 난리를 치는 거 같으니… 그러니 점점 더 어려워지지. |

| 아내 | (E) (보는 혜주 위에) 나는 공부도 모자라고… 하안참 부족한 사람이기는 하지만… 내 생각은 그러네… 어쨌든 가장으루 애들 아버지로 몇십 년 수고했는데… 가엾잖아. 다소 억울한 소릴 해도… 밉게 굴어두 이해해주구 참아주구. |

| 아내 | … 그렇게 사알살 달래줘야지 둘이 똑같이 너 그러면 나 이런다 그래봤자 서로 엇각만 나지 이로울 게 없어. |

| 혜주 | (E) (O.L의 기분 / 아내 위에) 나보다두 그 사람 못돼먹은 성격이 문제예요. (아내 벽에 부닥치는 느낌이고) |

| 혜주 | 어떻게 잘났다는 남자가 그 감정처리 하나 제대로 못하고 저렇게 망가져요. |

| 아내 | 믿는 친구한테 배신두 당했지이. |

| 혜주 | 그거도 결국 자기 못나 그렇게 된 건데 그 분풀이 화풀일 왜 나한테… |

| 아내 | (O.L의 기분 / 좀 딱딱하게) 동서 서방님한테도 지금 이런 식이었겠네. |

| 혜주 | … (보며) |

아내	… (시선 내리고 차 한 모금 마시고 내린다) … (식탁 보며)…
혜주	(찻잔 들어 마시는)…
아내	… (시선 들어 잠시 보다가) 집 줄이자 그럼 그렇게 해.
혜주	(말 떨어지기 무섭게) 그렇게 못해요.
아내	?? 왜 못해.
혜주	집 안 줄이면 금방 어떻게 되는 거도 아닌데 아직 애들 결혼도 시켜야 하고 실직하자 곰방 짜부러드는 꼴 / 자존심 상해 싫어요.
아내	뭐가 그렇게 대단한 자존심이야 동서. 형편 따라 사는 거지 그게 자존심하구 무슨 상관 있어.
혜주	나는 있어요.
아내	원 나 같으면 버얼써 죽었겠네. 평생 남의 식당 김치 깎두기나 담구 반찬이나 주물르면서 산 내 앞에서 그게 할 소리야?
혜주	형님하구 내가 같아요?
아내	… (나직이) 뭐가 다른데.
혜주	타고난 팔자가 다르죠.
아내	…… (보다가) 나 같은 동서… 우리 양반 같은 시숙… 그동안 엄청 자존심 상했겠네.
혜주	…
아내	으응?
혜주	거짓말은 못하겠어요.
아내	…… (보며 떨리기 시작한다) …… 참… 좋은 사람이라고는 생각 안 했지만 흐흥… 정말 나쁘다…… 정말 나뻐 으응? …… (E) 전화벨 울리고.

혜주   (뾰족한 얼굴로 거실로 가 받는다) 네에… 그래 했어… 우리
        애들 생활비 떨어진다는데 너랑 오빠 어떻게 이럴 수가 있어.
        (듣다가) 죽는 소리 말고 당장 삼십만 불 만들어내. 애들 통장
        에 오만 불 넣고.

아내   (오만 불이 얼만지는 모르는 채 / 그게 얼마지? 위에)

혜주   (E) 나머지 송금해. 더럽고 치사해 못살겠어 이 자식아. ?? 그
        럼… 아예 떼먹을 작정이었니? …… 너 나 여기서 죽으면 너하
        고 오빠 때매 홍서방한테 목 졸려 죽은 줄 알어. (하고 꽝 끊는
        다)

아내   ???? (주방에서 기절을 하겠고) … (일어나며 벌어진 입을 다
        물지 못하는)

S# 47 동네 카페 / 구기동쯤

        세일 부부, 세영 부부 돈가스나 그런 것 먹는 중.

        화면 시작과 동시에.

세일   (돈가스 썰면서) 너 정말 진정한 진실을 알고 싶어?

세영   엉 알고 싶어.

세일   얘기 할까? (수미에게)

수미   맘대루.

세영   뭔네. 엄마한테 다른 인격이 들어갔어?

수미   아가씨한테 받은 충격 여파 우리가 몽땅 뒤집어쓴 거예요.

세영   ??? 이기 뭔 소리? (하며 남편 보고)

안서방   뭐예요, 형님. 세영이가 차 바꿔달란 거요?

세일	(빙글거리며 웃고)
세영	그게 뭐 충격씩이나 먹을 일야? 그리구 그거 때매 왜 오빠가 당해?
수미	아가씨 축의금 일 원 한 장 안 내놓고 몽땅 가져갔다면서요.
세영	??? (수미 봤다 오빠 본다)
세일	그때에 충격을 잡숫고? (장난치듯 / 돈문제는 완전히 털었다) 자식새끼 말짱 소용없다 믿지는 장사 이젠 끝이다 나도 정신 차렸다 너 이 자식 두고 보자. 그러셨댄다.
세영	(입 벌리고 보며) …
세일	너는 어떻게 야 진짜 그럴 수가 있냐. 나는 야 삼분의 일쯤은 엄마한테 내놀 작정이었다 진실로. 믿거나 말거나.
세영	정말?
세일	… (빙글빙글 먹으며) 정말.
수미	정말이에요. (동시에)
세영	(뿌우우)
안서방	내 뭐랬어. 한 삼백쯤이래두 드리자니까 고개 살랑살랑 흔들더니 쯔쯔.
세영	고짓말쟁이.
안서방	그랬잖아아.
세영	(눈 싸악 흘기고 부어서) 그리구 엄마 또 뭐라셔?
세일	반성하자… 반성해야 해 너하구 나…
세영	(뿌우우 오빠 보며) …

S# 48 상수의 집 안방

아내 (자리는 안 펴놓고 베개 베고 옆으로 누워서 골똘하고) ……

(E) 전화벨.

아내 (벌떡 일어나 받는다) 여보세요… 네 알았어요. (하고 서둘러 일어난다)

S# 49 대문 앞 / 밤

아내 나와서 팔짱 끼고 기다리는데.

골목으로 라이트가 비쳐지고.

아내 (기웃하는 느낌) …

라이트 곧장 올라와 멈추고 남자들 내린다.

마서방 (상수 짐 내리러 트렁크로) 늦었죠?

아내 막힌다더니 그래두 빨리 왔네요.

상수 금방 풀렸어. 뭐 하러 나와 있어.

아내 (자동차에서 내리는 상준에게) 기분 좀 나아졌어요?

상준 (내리며) 네… 좋았어요 형수님.

아내 다행이네.

상수 (자기 짐 마서방한테서 받으며) 어서 가. 마서방 수고했어.

마서방 하하 수고는요. (운전대 문 열며) 형님 타세요.

상준 (꾸벅하고 타고)

마서방 안녕히 주무세요.

상수 어어.

차 돌리기 시작하면서.

S# 50 안방

아내   (이부자리 펴고 있다)

상수   (씻고 들어온다) …

아내   (일하면서) 물리기는 물려요?

상수   시원찮았어.

아내   하기는 고기 잡으러 간 거 아니니까 머.

상수   (이부자리 위에 앉아 발 닦으며) 어떻게 지냈어…

아내   신나게 지냈어. 고모한테 가 고기 궈 먹구 쇼핑두 막 하구.

상수   살 거 있었어?

아내   있었어요.

상수   평창동 가보라니까 웬 쇼핑이야.

아내   거기두 갔다 왔어요.

상수   … 알아듣게… 잘했어?

아내   여보 삼십만 불이면 얼마가 되는 거예요?

상수   ??? 삼억 육천?

아내   (입 딱 벌리며) ???

상수   왜?

아내   동서 친정이 갖구 갔대요. 세에상에 자기 친정에서 그런 뭉텡
       이 돈을 갖구 갔으면 나 같으면 네발루 기겠네. 한재산이잖어
       어어.

상수   … (조끼 러닝 위에 파자마 입으며) 찬이 엄마가 그래?

아내   미국서 걸려온 동생 전화 받는데 그러대요.

상수   … 그래서 얘긴 잘됐냐구.

아내	죽 쑤구 왔어요.
상수	(보고)
아내	무슨 말이 돼야지이… 잘못하는 거 눈곱만큼두 없어.
상수	… 그게 다야?
아내	서방님 딱해요.
상수	뭐라는데에… (제대로 얘기해) 집은 판대?
아내	자존심 상해 못한대.
상수	??
아내	우리 이러구 사는 거두… 자존심 상한대.
상수	… (보며)
아내	아이구 차라리 그냥 갈라서 남남 되는 게 서방님한테 훨씬 날 거 같아.
상수	그게 무슨 경박스런 소리야아.
아내	아 애기씨하구 나 앉혀놓구 자기 남편한테 못돼 처먹었다느니 악질이라느니 멍청하다느니 그러는 사람이에요. 더 말해 뭐 해요. 안하무인이에요 안하무인.
상수	어어어이… (딴 쪽으로 고개 돌리고)……
아내	…
상수	(아내에게 고개 돌리며 버럭) 뭐 그 따위 여편네가 있어어어.
아내	(뿌우 보며)

S# 51 홍소장의 불 꺼진 빈 거실

S# 52 안방

어둠 속에서 잠들어 있다가 몸 뒤척이면서 팔 하나 뻗치다 문득.

아내   (잠이 깬다… 누운 채 팔로 더 더듬다가) ??? (일어나 앉는다)

S# 53 거실

아내   (나와서 화장실 쪽으로 좀 움직이며) 여보.

        대꾸 없고.

아내   (거실 불 켜고 화장실 문 열어보고 닫고)

        마루 커튼 좀 밀고 마당 보면.

S# 54 아내의 시각에서 마당

상수   (평상에 걸터앉아 있는 홍소장의 몸체가 보안등 불빛에 보인다)

S# 55 마당

상수   (앉아서) ……

        (E) 가을 풀벌레 소리 요란하고.

상수   …… (어디랄 것 없이 던져져 있는 시선) ……

        집에서 나오는 아내.

아내   (옆까지 와 서서 남편 보는) ……

상수   (아는지 모르는지) ……

아내   … (조금 더 다가서서 남편의 어깨에 가만히 손 얹는다) ……

상수   (그대로) ……

제3부

S# 1 홍소장의 마루 / 점심

> 마주 앉아 아침 먹고 있는 부부. 김치와 밑반찬 한두 가지에 된
> 장찌개 정도의 소박함.

상수   (묵묵히 먹는데)

아내   (먹다가 눈치 보는) …

상수   (먹으며) …

아내   (잠시 모르는 척 먹다가 또 눈치 보고) … (먹으며) … 시원찮
        아요?

상수   ??

아내   몸요.

상수   아니야…

아내   … 찬 바람두 불구… 보약 지러 갈 거예요.

상수   ?? 무슨 보약.

아내   골병들었으니까 추슬러야죠. 나라에서 어디 보약 한 재 지어줬
       어요? 월급은 다른 공무원하구 똑같이 주면서 근무시간은 곱
       절두 훨씬 넘게 일주일에 백 시간두 좋구 백스무 시간두 넘게
       부려먹구 무슨 수당이 있기를 한가… 수당은커녕 평생 알아주
       지두 않는 애국 하면서 골병만 있는 대루 들었지 뭐. 약 좀 먹
       자구요.

상수   보약 먹을 팔짜 따루 있어. 먹구 노는데 / 쉬는 보약 이상 없어.

아내   숟가락질이 맥이 없어요.

상수   ……

아내   (아) 서방님 걱정 너무 할 거 없어 뭐. 우리에 비하면 백 배 난
       집 걱정을 왜 해. 자기들끼리 해결 볼 테지.

상수   (수저 놓고 물그릇 집어 마신다) …

아내   ?? 그만 먹어요?

상수   (물그릇 내리면서) 덜 땡겨.

아내   … (보며) 먹구 싶은 거…

상수   (O.L의 기분) 없어. (하고 조금 돌아앉으며 보다 만 신문 집어
       든다)

아내   … (눈치 보며) 된장 맛있는데.

상수   맛있어… 신경쓰지 말구 먹어.

아내   (자기도 수저 놓으면서) 우리 연금으루 해논 거 퇴직금으루 바

꾸면 안 되나?

상수   ?? (본다)

아내   잘못한 거 같아요. 목돈 받아서

상수   (O.L의 기분) 한번 결정하면 못 바꿔. 되는 거 아무것도 없는 세상에 괜히 목돈 받아 털어먹는 거보다는 연금이 나아.

아내   소줏집은 된다는데… 소주 장사래두

상수   환갑에 무슨

아내   연금은 제대루 나올까? … 믿어두 되나?

상수   나오지 그럼. (신문 뒤집으며)

아내   방송에서 떠드는 거 보면 믿을 거 못 되는 거 같아… (아) 왜 그렇게 맥이 떨어져 그래애.

상수   그런 거 없어. (아내 보며)

아내   (뿌우) 뭐 없어… 다 들키는 사람이.

상수   (묵묵히 신문 보는)

아내   어엉? (왜 그래)

상수   당신한테 사기 쳤어.

아내   ???

상수   총경까지는 올라가줄 테니까 믿으라구 했는데…

아내   ?? … (보다가 피식 웃는다) 그 약속은 했었어 참.

상수   언제 승진시험 공부할 새가 있었어야지. 자농차 밧데리가 나가두 불러대구 앵꼬가 나두 불러대구 빰 한 대에 코피 터져두 불러대구 식당에서 신발 바꿔치기당해두 불러대구 / 무능한 변명이긴 하지만.

아내	아이구 변명 아냐. 내가 알어.

상수	세일이 꺼 (아내 보며) 불러서 줘버려.

아내	? 싫어.

상수	(보며)

아내	아 걔들 맞벌이 해. 며늘애 월급두 만만찮대. 얼마나 든든한
	데… 평생 오줌 마려운 사람처럼 쫄밋쫄밋 / 얘기 다 끝났어.
	세일이 놈 알았다구 했단 말야.

상수	당신 쓰래?

아내	나 혼자 써? 우리가 쓰는 거지.

상수	녀석이 그래?

아내	그래애. (거짓말 할까봐?)

상수	… (보다가) 은행에 넣었어?

아내	이제 넣 거야.

상수	도둑 들면 어쩔려구 여태 깔구 앉어 있어.

아내	우리 집에 뭐 먹을 게 있다구 도둑이 들어. (그릇들 쟁반에
	옮기면서 말하는데)
	(E) 전화벨 소리 / (O.L의 기분)

상수	(받는다) 네에 부암??? 너 왜 그래. (아내 ???)

S# 2 상준의 거실

상준	(위경련 때문에 죽을 지경이다 / 진땀이 얼굴 가득 맺혀 있고
	입이 딱딱 벌어지는 상황) 아 아파요. 택시 좀 잡아서 나 병원
	가야 / (너무 아파 말이 토막난다 / 에서) 없어요.

S# 3 상수의 거실

상수 어디가 어떻게 / 알았어 그래. 내가 금방 갈게. 금방 오 분이면
돼. (전화 급히 놓고) 여보 나 옷 옷. (방으로)

아내 (따라 들어가며) 어디가 아프대요, 여보.

S# 4 안방

상수 배가 아프대 배 배. (하며 장문 여는) 위경련이래.

아내 동서는요.

상수 아 그만 좀 물어. 운동 갔대. 웨엔 빌어먹을 여편네. 그거 뭐 하
는 여편네야 도대체가.

아내 자기 여편네두 아닌데 여편네 소리는…

상수 (버럭) 아 지금 운동하러 다닐 때냐구!!!

아내 아이구 목청은. 내가 그 여편네예요?

S# 5 언덕길

상수 (정신없이 빠르게 뛰어 내려오고 있는) …

S# 6 부엌

아내 (전화 걸고 있다 / 무선) … (빈 그릇들 개수대에 넣으며)
(E) 아주 경쾌한 음악벨 소리. 아무리 가도 안 빈다 / 끊으려
고 하는데.

여자 (F) 네에 강혜주 씨 핸드폰인데요오.

엄마 (잠깐 멈칫했다가) 네에 저기… (손은 멈춘다)

여자	(F) (O.L의 기분) 잠깐요, 저기 오고 있어요. 혜주야 전화.
혜주	(F) (받은 건 아니고 들리는 소리) 누구야? (이제는 받는) 왜 그러세요?
아내	(싫어서) 동서 운동 나갔어?
혜주	(F) 네.

S# 7 골프장

혜주	(그린에서 좀 떨어지게 움직이며) 네… 한 달에 한 번 월례회 (하고는 좀 듣다가) 처음 아니니까 걱정 마세요… 그럼 나한테 어떡하란 거예요. 운동 접어버리구 달려가라구요? … 아직 두 홀 남았어요… 네. (전화 끊으면) 얘들아, 나 샤워도 못하고 가야겠다. (그린에서 마무리들 다 하고 네 여자가 합쳐져 카트 움직이는데)
여자2	무슨 일인데.
혜주	사랑하는 영감이 아프시대.
여자3	어디가아?
혜주	위경려언. 한 달에 한 번 월례회야.
여자4	스트레슬 거야.
여자1	그래. 명퇴구 정년퇴직이구 암튼 매일 나가던 사람 나갈 데 없는 게 굉장한 스트레스라더라.
혜주	얘 본인 스트레스보다 옆에서 그 스트레스 풀이 당하는 사람 더 죽겠다.
여자3	우리 영감은 멍충인가아아. 너무 편하게 배 뚜드리며 잘 노는데.

여자2   야 느이는 평생 쓰구두 남을 만큼 벌어놨으니까 그래.

여자1   혜주네는 안 그러니? 그리구 우리는 내가 만든 재산이야아. 내
         가 벌어논 거 갖고 왜 자기가 만만디니? 어떤 땐 아주 미워 죽
         겠어. 구실도 못하면서.

여자들   (깔깔대고 누구는 가볍게 치고 하면서)

S# 8 부엌

아내   (설거지하면서 혼잣말) 어이그 참 남편 처박아놓구 그렇게 나
         가 놀구 싶을까. (문득 물 틀어 손 씻으며) 모르겠다아아. 죽이
         나 쑤어놓자아아.

S# 9 응급실

상준   (링거 꽂고 누워 한 손등 눈에 얹고)…

상수   (보면서) …… 종합진찰 받은 지 얼마나 됐어.

상준   …

상수   엉?

상준   (손 내리며 보는) 걱정 마세요.

상수   퇴직하구 받은 적 있어?

상준   일 년두 안됐어요. 다 좋아요.

상수   마음 불편할 땐 편해질 때까지 먹지를 말어. … 뭐 또… 다퉜
         냐?

상준   그런 거 없어요.

상수   (보다가) … (속상해 고개 돌린다) …

S# 10 병원 근처 어느 약국 앞

상준 (땅 보며 우두커니 서 있다) ……

상수 (약봉지 들고 약국에서 나온다) …… 가자.

　　　같이 움직이며.

상준 얼마 줬어요.

상수 (그냥 걸으며) 됐어.

상준 형 택시값두 들고…

상수 세일이 놈 축의금 압수해서 돈 많어. 택시 잡자. 니 형수 죽 쒀 놨대.

상준 …

S# 11 집으로 가는 길 / 움직이는 택시 안

상준 (기대어 창밖으로 고개 틀고) ……

상수 (그런 동생 잠깐 보고 앞으로 고개) …

상준 (씁쓸하게) 애들한테 보낼까봐요.

상수 (고개 아우에게)

상준 어차피 나는 애놈들 아빠두 아니구 남편두 아니니까… 반성 많이 해요… 애들한테 아버지로 심어준 게 없어요. 애들하고 대화다운 대화 한 번 한 적 없고… 어쩌다 눈에 띄면 야단이나 치고요. 애녀석들이 나한테 아무 애정 없는 거 당연해요.

상수 누구는 안 그랬어? 나두 애들 지 에미 혼자 키웠대두 과언 아냐.

상준 (형 쪽으로 고개 틀며) 그래두 형수님이 운영을 잘하셔서 애들이 형님 어려워하고 존경하더라구요.

상수   존경은 무슨.

상준   그 사람은 애들한테 악선전만 했을 거예요… 그러니 이렇게 개
       밥에 도토리 / 집에서도 무용지물을 만들죠.

상수   거 왜 그런 생각을 해애.

상준   하라는 대로 한 침대에서 자는데요… 그 여자도 나도… 어쩌다
       몸이 다면 깜짝깜짝 놀래서 떨어지군 해요.

상수   (돌아본다)

상준   (쓰게 웃는다)

상수   연애할 때 돌이켜봐. 좋아 한 결혼 아냐.

상준   좋아했던 적이 있나… 싶을 정도로… 그래요. 그 사람도 그렇
       고 나도 그렇고… 생각해보면 그 여자도 일리는 있어요. 죽어
       라 회사일밖에는 한 게 없으니까요… 가족한테 들여논 공이 없
       어요.

상수   (고개 앞으로 돌리며) … 우리 세대 가장들은 누구나 다 그렇
       게 살았어. … (했다가 아우 돌아보며) 바깥일 누굴 위해 했는
       데 (가족 위해 했잖아)

상준   (눈 감는다) …

S# 12 상수네 언덕길을 올라가는 택시

S# 13 거실

아내   (멀건 죽과 간장 종지 / 수저 놓고 있는) …

상수   (겉옷 벗으며) 당신 동서는.

아내	통화했어요. (하는데 상준 수건에 손 닦으며 나오고 / 돌아보며) 동서가 데리러 온대요. 거의 다 와 가요.
상준	예에. (앉으며) 별 생각 없는데.
아내	그래두 드셔야 해요… 쌀을 아예 갈아버렸어요. 머얼겋게 끓여서 속 안 건드릴 거예요.
상준	네. (수저 든다) … (떠먹기 시작)
부부	(보고 있고) …
상준	형수님… (먹으며)
아내	?? 네.
상준	총각시절처럼 저 좀 데리구 있어 주실래요?
아내	?? (남편 보고 다시 상준에게) 왜요.
상준	여기 와 형수님 밥 얻어먹으면 좋겠지… 그러네요.
아내	그러지 마시구 동서 밥 얻어먹어요. 그게 뭐예요 한집에서 따루따루 밥 끓여 먹는 게…
상준	그 여자는 밥하는 거 되게 귀찮아해요. (픽 웃으며) 솜씨도 없구요.
상수	쓸데없는 소리 마. 집 두구 왜 여기 와 있어.
상준	형님도 거부해요? (형 보며)
상수	말이 되는 소릴 해.
상준	(수저 놓으며) 사회한테서도 거부당하고 집에서도 거부당하고 마지막 남은 형님한테조차 거부당하네요. (웃으며)
상수	무용지물 기분 너만 느끼는 거 아냐. 잠들 때 / 자고 일어나도 나갈 데가 없구나 / 아침에 깨 눈뜨면 할 일 아무것도 없구나

/ 무용지물된 기분은 나두 느껴. (아내는 남편 보고) 너하구 내가 다른 건 그냥 한 가지야. 니 댁한테서 아무런 위로도 못 받는다는 거.

상준   (그냥 먹는) …

상수   어쩌겠어. 그 소질은 없는 사람인 모양이니. 포기해. 아무것두 기대하지 말구 그냥 포기해. 상관하지 마.

상준   그래서 보낸다 그러는 거예요.

아내   어딜 보내요?

상수   애들한테 보내고 혼자 있겠대.

아내   아이구 건 안돼요. 보내긴 어딜 보내요. 그럼 못써요. 그러는 건 아니에요. (하는데)

혜주   (들어오며) 대문이 열려 있네요.

아내   응 어서 와. (일어나며)

혜주   안녕하세요.

상수   네.

아내   올라와.

혜주   씻지도 못하고 왔어요. 찬이 아빠 갑시다.

상준   먼저 가.

상수   일어나 그러지 말구… 으응?

상준   (그냥 먹는) …

S# 14 대문 앞

나오는 네 사람.

상준은 그대로 자동차에 오르고 혜주와 부부 적당히 인사 챙기고 뜨는 자동차.

부부　… (보고 있다가)

아내　속은 좀 어떠냐 어지간하면 물어보겠구먼.

상수　들어가 옷 좀 갖구 와.

아내　?? 어디 가게요?

상수　갖구 나와.

아내　(들어가고)

상수　(골목으로 시선)

S# 15 거의 다 내려가고 있는 자동차 꽁무니

상수　……

S# 16 세일의 아파트 놀이터 같은 곳

세일　(수미와 함께 나와서 시선으로 찾는다) …

수미　(먼저 발견하고) 저어기.

세일　? (보고 잰걸음으로 움직인다) ……

　　　　상수가 있는 곳.

세일　(다가들면서) 왜 안 들어오시구요.

상수　(돌아서며) 으응. 금방 갈 건데 머… 애기는 뭐 하러 나왔어.

세일　아버지 오셨는데 어떻게 안 나와요…

상수　(잠깐 혼자 끄덕이고) 할 얘기가 있어서…

세일　네에.

상수	너 축의금 말이다.
세일	아이 그거 아버지 그냥 쓰세요. 제가 변변칠 못했어요.
상수	… (잠시 보는)
세일	수미두 동의했어요.
상수	그래 고맙다. 그 얘기 할려구…
세일	예에.
상수	(좀 웃는 듯) 니 엄마가 늙어서 좀 이상해진 거 같아. 그럴 사람이 아닌데…
세일	즈이들한테 화 나셨대요.
상수	(보는) …
세일	잘못했어요. 반성 많이 했어요. 철들게요.
상수	괜찮아. 부모가 세상 뜬 뒤에야 철드는 게 자식들이야. 나두 그랬어. … 애기… 미안하다.
수미	(그냥 웃어 보이고)
상수	잘 쉬었어? 내일부터 출근이라며.
세일	네. 오늘은 아무 데도 안 나가고 있었어요.
상수	(끄덕이며) 그래… 그럼 간다.
세일	네…

S# 17 거리

혼자 걸어오고 있는 상수. 이것저것 착잡하기 그지없다.

상수	……

S# 18 횡단보도 신호등

근처 다른 사람들에 묻혀 심란하게 신호등 바뀌기를 기다리고
있는 상수.

상수   …… (기다리다가 문득 몸 돌려 뭔가를 찾기 시작한다. 공중전
화 찾는 것)

S# 19 공중전화 부스 안

밖에서 보이는 부스 안의 상수. 말소리는 안 들리고 말하는 건
보이는 상태.

S# 20 전화 부스 안

상수   압니다. 예 알아요. 몰라서가 아니라 그래두 어찌 됐든 지금 상
황에 마음 잡아줄

S# 21 혜주의 침실

상수   (F) 사람은 제수씨밖에 없으니까 백번 이해하시고 애녀석을
좀 살갑고 뜨듯하게 / 위로하고 용기를 북돋아주고

혜주   (O.L의 기분) 저기요 이러시는 거 참 유쾌하지 않아요 아주
버님.

S# 22 전화 부스 안

상수   ??

혜주   (F) (연결) 형님이나 애기씨나 전부 다 나를 아주 형편없는 여

자 취급하는 거 아는데 아주버님까지 이러시면 저 정말 불쾌해
요. 내가 처음부터

S# 23 혜주의 침실

혜주   지금처럼 굴었겠어요? 저도요 노력할 만큼 했어요. 실직한 게
무슨 크은 벼슬한 거 모양 구는 남자 비위 맞출 만큼 맞췄어요.

상수   (F) 상준이가 말이에요, 걔가 아이들과 제수씨한테 배척당했다
생각해요.

혜주   아주버니. 배척당한 건 이쪽이에요, 아무래두 정신과 치료를
받아야 할 단겐 거 같은데 그 얘기 했다가는 또 난리가 날 거
고. 정말 어떡하는 게 잘하는 건지 모르겠어요.

상수   (F) 옛날에 서로 좋아했던 시절을 생각해보세요. 부탁합니다.
어려울 때일수록 부부가 합심을 해서 극복해야지…

혜주   (F) (O.L의 기분) 문제는 저이한테 있는 거지 저한테 있는 게
아니에요 아주버님. 저요 (남아 있다)

S# 24 전화 부스 안

상수   (절벽과 얘기하는 느낌으로 듣는) …… (쓴 입맛으로) 아무튼
잘 좀 부탁해요.

혜주   (F) 답답하니끼 이러시겠죠. 이해해요.

상수   예에… 그럼 이만 끊겠어요.

혜주   (F) 그러세요.

상수   (전화 끊고 부글거려 미치겠다) ……

S# 25 상수의 거실

상수 (현관 열쇠 따고 들어온다) …… (기척이 없다) …… 여보 …… 없어? (하고 교자상 보면 메모) …… (움직여 보고 / 도로 놓고 안방으로)

S# 26 어느 한정식 식당 내실

아내 (혼자 앉아서 기다리고 있는) … (왜 이렇게 안 들어와 / 출입문 쪽도 한 번 보고 옷 앞자락도 좀 만져보고 하는데)

들어오는 주인. 아내보다는 몇 살 연상. 용모가 뛰어난 여인.

아내 (일어나려)

여인 아냐 앉아 있어. (화장대 쪽으로 움직이며) 허 장관. (알지?) 남자나 여자나 늙으면 말이 많아져 흐흐흐. 오기만 하면 수다가 만리장성이야.

아내 건강은 하시죠?

여인 지난달에 병원 들어가 장 수술 또 했대. 폴립인가 뭔가 그거 떼내는…

아내 네에…

여인 (서랍에서 봉투 하나 꺼내들고 와 앉으며) 앉어어.

아내 (앉는다) …

여인 이거… 명색이 퇴직금이야.

아내 아이구우 사장님. 퇴직금은 무슨 사장님두 힘드신데 그런 거 안 주셔두

여인 (O.L의 기분) 사양하지 마. 세일 엄마 덕 많이 봤어. 오 년이 넘

더구먼 잠 안 와 따져봤더니. 맞지?

아내 네에.

여인 왕왕 돌아갈 때 같았으면 더 잘해줄 텐데 너머 경기가 바닥이 니까 나도 조막손이 되네.

아내 (O.L의 기분) 어려운 거 다 아는데 이렇게까지 안 하셔두…

여인 (O.L의 기분) 신세 많이 졌는데 미안해. 섭섭할 거야.

아내 아유 무슨 그런. 생각두 안 했는데…

여인 일하던 사람 놀면 아프던데 아픈 데는 없구?

아내 뭐… 특별히.

여인 허리는 어때.

아내 어지간해요. 약 먹구… 허리띠두 하구… 그냥 먹구 노니까요.

여인 무슨 계획은 있구?

아내 계획은… 뭐 손에 쥔 게 있어야죠. 경기나 좋을 때 같으면 집이 라두 잽혀서 (하다가 픽 웃으며) 우리 집이 골내겠어요. 걸핏 하면 들먹여서… 집이라두 잽혀 하다못해 김밥집이나 반찬가 게나 뭐 생각을 해보겠는데 너무 나쁘니까 엄두가 안 나요.

여인 뭐 시작하기 겁나는 세상이긴 해.

아내 지금은 가만있는 게 버는 거 아닌가 그래요. 시누이가 일산서 고깃집 하는데 거기두 매상이 절반두 안 된대요.

여인 남의 집 얘기 힐 거 뭐 있어. 우리 집을 보면 알시.

아내 그래두 (시선 내리고) 생각하면 너머 불안해서/뭔가 하기는 해 야 할 텐데… 그러네요.

여인 나두 이달루 문 닫어.

아내   ??

여인   무슨 재미가 있어야지. 아들한테 가 있어볼까 해.

아내   네에…

여인   애들 왜 이리 늦어. 차 달렸는데. (문 쪽 보며)

아내   (일어나려 하며) 내가

여인   아이구 아냐. 앉아앉아앉어.

아내   (어정쩡한 채)

S# 27 버스 안의 아내

아내   …… (창밖 보며 있다가 문득 궁금해진다) …… (핸드백 안에
서 봉투 꺼내 내용물 꺼내려다 다른 승객이 의식되며 도로 넣
는다) ……

S# 28 집으로 가는 언덕길

아내   (걸어 올라오면서 봉투 꺼내 멈춰 서서 꺼낸다. 수표 액수 보
고) ??? (공을 세어보고 더 놀라고 헤아리면서 더 놀라고) ???
… (입 벌리고) …… (있다가 뭉클한다) …

S# 29 빈 거실

아내   (들어오며 남편 신발 보고 / 들어왔구나) … (안방으로 움직이
는데)

상수   (안방에서 나오며 보는) …

아내   들어왔네?

상수	무슨 볼일이야.
아내	전 사장이 보재서. (핸드백 놓고 상의 벗으며)
상수	왜 또 나오라구?
아내	(앉으며) 아니이… 그 양반두 장사 그만두구 미국 아들한테 간 대는데 뭐. 앉어요.
상수	(앉으며) 그만둔대?
아내	재미가 없대… 내가… (핸드백 당기면서) 당신한테 보너스 줄게.
상수	?? 뭐?
아내	(봉투 꺼내서 남편 앞에 밀며) 평생 밥 먹여주는 거 고마워요. 수고 많이 했어요.
상수	(아내 보며) …
아내	당신 마음대루 써. 특별 보너스야.
상수	뭐… 아들 놈 돈 강탈해서 조자룡 헌 칼 쓰듯 하는 거야?
아내	아냐아 그거.
상수	아니기는. 필요 없어. (봉투 밀며) 나가는 날 인상 쓰지 말구 일 금 만 원씩만 주면 황송합니다야.
아내	(도로 밀며) 가욋돈 생긴 거예요.
상수	??
아내	내가 인복이 많아. 퇴직금이래. 얼만 줄 알어요? (손 펼쳐 보이 며) 오백만 원.
상수	??? (표정 따로 쓸 필요 없으나)
아내	마음대루 써요. 어디 쓰냐구 안 물어볼게.
상수	… (봉투 보며)

아내	응?
상수	(아내에게 도로 밀며) 필요 없어.
아내	⋯ 왜애.
상수	아 여편네 내보내 평생 진일 시켜 먹은 인간이 무슨 염치루 그 걸 받어 써어. (하며 일어선다)
아내	(올려다보며) ⋯
상수	(현관으로 움직이며) 당신 써. 어따 쓰는지 안 물어보께.
아내	어이구 참⋯
상수	(현관 내려서며) 전화나 넣어.
아내	(남편 나가는 것 보다가) 어디 가요?
상수	갈 데가 어딨어. (나가고)
아내	(봉투 집어 보다가 도로 핸드백에 넣으며 일어선다)

S# 30 마당

상수	(나와서 나무 그늘로 움직여 앉는다) ⋯⋯ (우두커니) ⋯ (떨 어지는 낙엽) ⋯⋯ (나무 위 올려다보며) ⋯⋯

S# 31 안방

아내	웬걸 그렇게 많이⋯ 정말 뭐라 할 말이 없네요 사장님⋯ 예⋯ 네⋯ 우리 집 양반두 너무 놀래구⋯ 네⋯ 별루 한 일두 없는 데⋯ 네⋯ 네⋯

S# 32 마당

상수 (갈퀴로 낙엽 쓸어 모으고 있다)

아내 (소주 쟁반 들고 나온다)

상수 (힐끗 돌아보고) 술 먹자구?

아내 한잔하구 싶네요.

상수 알코올중독인가. 대낮에…

아내 와요.

상수 (갈퀴 들고 평상으로) 전화했어?

아내 (이미 따르면서) 네에…서방님은 그대루 가라앉나 모르겠네.
알아봤어요?

상수 별 소리 없어.

아내 (빈 잔 들고 술병 주며 따르라고)

상수 (따라주면서) 자알하다 술꾼 되겠다.

아내 (웃으며 술잔 띄워 들고) 하늘에 감사하십시다.

상수 … (보는)

아내 우리 여태 밥 먹게 해주신 거 / … 속 썩이는 자식 없는 거 / …
아직 건강한 거 / 그리구 또… 인복 많은 거… 짱.

상수 짱.

부부 함께 마시는데 상수는 잔 비우고 아내는 반쯤.

아내 (잔 내려놓고 안주 집으려는 남편) 이냐 내기 주께. (자기가 안
주 집어 들고) 아아.

상수 아아. (입 벌리는데)

아내 … (아주 잠깐 보다가 순식간에 입 쪽 맞추고) 흐흐흐.

상수	?? 무슨 짓이야.
아내	자요.
상수	(받아 먹고) …
아내	(그러는 남편 보면서) …… (웬일인지 눈물이 핑 돈다) …
상수	(자기 빈 술잔 집어 내민다 / 아내 안 보는 채) 안 그래두 술이 고팠었어…
아내	(따라준다)
상수	평창동 말야 (하고 아내 보고) ??? 뭐야.
아내	(눈물 훔치면서) …
상수	… 엉?
아내	몰라… 그러네.
상수	… (보며)
아내	…… (참으려 하나 울음이 차오른다 / 작게 / 그러나 좀 터지듯) 몰라아 그러네에. (하며 두 손으로 얼굴 덮고) 응응응응응응응… 응응응응… (평생 쌓인 삶의 고달픔 같은 것)
상수	…… (보면서) ……
부부	…… (그러고 있는) ……

S# 33 그 상태의 마당이 서서히 밤의 빈 마당으로

S# 34 부엌

　　　설거지 마지막 단계다.

| 상수 | (그릇 씻어 물 빼기에 넣는 중) … |

아내	(마지막 찬그릇 랩으로 싸서 냉장고에 넣고 돌아서 싱크대판
	닦으려 행주 집어 들다가 문득 남편 엉덩이를 툭툭툭 때린다)
상수	?? 술 아직 안 깼어?
아내	으흐흐흐흐 (웃는데)
세영	(E) 엄마아아…
아내	?? (남편 한 번 보고) 왜애… (하며 나간다)

S# 35 거실

아내	(나오며) 뭐 자동차 못 바꿔줘어.
세영	아이 엄마 아니에요오오오. (하며 엄마에게 엉겨붙는데)
안서방	저녁 드셨어요?
아내	그럼. 그런데 왜?
세영	엄마 아버지 보구 싶어서.
아내	(흘기며) 저녁은?
안서방	먹구 왔어요. 저기 이거 / 그런데 아버님은
아내	(부엌 돌아보며) 설거지… 나오시네.
세영	아부지이이. (상수에게 들러붙는다)
상수	나 권한 없다. 이래 봤자 소용없어.
세영	아아이 아니라니깐요오오. (하고 아버지 팔 낀 채 교자상으로 움
	직이면시) 우리 낮에 할인점 쇼핑 갔걸랑요? 엄마 앉어 앉어요.
	다 같이 자리잡고 앉고.
세영	디게 싸더라구. 날 춰지는데 아버지 엄마 꺼두 좀 사자구 안서
	방이 그래서 엄마. (쇼핑백으로 손 내밀어 남편에게서 받아 꺼

내면서) 이거 아부지 꺼. 이건 엄마. (두툼한 겨울 반코트 두 벌. 둘 다 구스 다운으로) 그리구 이건? 아부지 엄마 스웨터 하나씩.

아내   (상수는 그냥 보고 있고) 얘들이 무슨 맘 먹구 이렇게 큰돈을 썼어?

세영   뭐어 엄마한테 우리 괘씸죄 걸려 있다면서… 그래서 밥두 안 먹여주는 거라면서.

아내   누가 그래.

세영   오빠가.

아내   (피식 웃으며 남편 돌아본다) 말은 하구 볼 일이네요. 오늘 횡재수 있는 날인가 봐.

상수   뭐 하러 쓸데없는 돈을 써. 이게 다 낭비야 낭비. 쯔쯔…

안서방   이 정도는 할 수 있어요 아버님. 세영이가 얼마나 지독한지 그동안 자식 노릇 변변히 못했어요. 죄송합니다.

상수   그럴 거 없어. 니들 살림만 야무지게 해. 우리한텐 신경쓸 거 없다. 간신히 공부시킨 거밖에 없는데… 우리는 그저 자식들 신세 안 입구 살다 죽자는 게 목표야. 이렇게 쓸 돈 있으면 저축해.

안서방   저축도 해요오.

상수   적어도 몇십만 원은 썼을 거 아냐.

아내   이 정도 받아두 괜찮어요. 얘 시집가구 뭐 돈 되는 거 들구 온 적 있어요? 기껏해야 수박 한 덩어리 참외 서너 개 / 크은맘 먹으면 즈 아버지 양말 다섯 켤레 즈 엄마 내복 한 벌. 내가 난 자식이지만 정말 어째 그렇게 짠지 (딸에게 눈 흘기며) 당신 보기 민망해 죽을 뻔했네. 말은 안 했지만.

상수　데리구 들어온 자식이야? 민망하게.

아내　삼 년 안에 이런 선물 또 없는 거지?

상수　?? (아내 보고)

세영　아냐 엄마아아. 이젠 안 그럴께에.

아내　(옷 만져보며) 그동안 갖다 먹은 김치에 밑반찬을 돈으루 쳐두 이거보다는…

상수　(O.L의 기분) 자식 놓구 무슨 그딴 셈을 해애. (나무라는)

아내　이를테면요.

상수　이를테면이구 저를테면이구 쯧…

아내　잘못했어요. 좋다아아. (들어 띄워보며) 아이구우 엄청 가볍다아아? 이 속털에두 질이 있나 보더라 애애.

세영　그러어엄. 싼 거 아니야아.

아내　한번 입어보까? (함빡 웃으며 입어보려고 일어나는데)

　　　(E) 전화벨.

아내　(일어나다 말고 받는다) 네에 부암동…

금실　(F) 평창동에 별일 없어요? 꿈이 어찌나 심란스러운지 말유 언니.

아내　(무슨 말인가 하려는데)

금실　(F) (연결로) 도대체 당신 뭐 하리 다니는 사람아. (버럭 / 아내 잠깐 찡그리고) 슬그머니 어디루

S# 36 금실 식당

금실 샜다가 이제야 나타나는 거냐구!

마서방 아, 저 한사장이 잠깐 얘기 좀 하자 그래서.

금실 (O.L의 기분) 잠깐이 하루 온종일이냐? 잠깐이 하루 온종일야?

마서방 얘기하게 얘기하게.

금실 (O.L의 기분) 꼼짝 말구 있어어? 나 전화 끝나구 보자 당신. 오늘은 무사히 못 넘어갈 줄 알어어? (해놓고) 내가 어제 꿈자리가 너머어 심란해서 말이에요 언니. 아침에 전화한다 그래놓구는 깜박했네. 그 집 별일 없어요? (무슨 꿈을 꿨는데요) 아 몰라요 반은 까먹었는데, 그냥 작은오빠가 웬 누우런 똥색 양복에 꺼멍 고무신을 신구 우리 집엘 왔더라구요. 나쁜 꿈 아뉴?

S# 37 상수의 거실

아내 글쎄요, 별루 좋은 거 같지는 않네요. 그런데 아가씨 꿈 잘 맞어요?

금실 (F) 아 나는 꿈 일 년에 한 번두 꿀둥 말둥한 사람이에요.

아내 와서 뭐라 그래요 서방님이.

금실 (F) 별말 안 하구 그냥 들어서면서 힛쭉 웃더라구요. 그러면서 잘 사니? 그래요. 그래서

S# 38 식당

금실 꿈에서도 내가 아니 오빠는 왜 하구많은 양복 중에 하필이면 왜 똥색 양복을 입었어 보기 싫게. 했더니 멀쩡한 얼굴로 얘 이

거 똥색이 아니라 송장메뚜기색이야 그러더라구요. 아 어쨌거나 보기 싫으니까 바꿔 입어. 오빠는 곤색 양복이 젤 깔끔하구 이뻐. 그거 입으면 아직두 청년 같은데 어쩌구 한 거까지 생각 나는데, 그 뒤는 흐지부지예요.

S# 39 거실

아내 꿈꾼 사람이 찜찜하면 좋은 거 아니라 그러긴 하던데.

상수 뭐야.

아내 아가씨가 서방님 꿈을 꿨는데…

상수 (O.L의 기분) 꿈은 무슨, 여자들은 암튼. 정 찜찜하면 소금 한 바가지 퍼다 문간에 뿌리구 잊어버리라 그래.

세영 호호호호, 아버지 소금은 왜 뿌려요? (에서)

S# 40 빌라 거실

티비는 저 혼자 드라마를 하고 있고.

S# 41 주방

상준 (식탁에 앉아 있는데)

혜주 (가스 쿠커 위 냄비에서 공기에 흰죽 떠서 놓아준다) … (소화에 지장 없는 간장과 심칫국 정도) …

상준 (수저 들면서) 좀

혜주 (돌아서다 되돌아보는) …

상준 앉아봐.

혜주	…… (앉는다)
상준	(죽에 숟가락 넣다가 좀 되다 / 옆의 물컵 집어 물 조금 섞는다) …
혜주	(그런 것 보며) …… (표정이 못마땅 / 그냥 넘어가는 게 없는 남자)
상준	… (죽 섞으며) …… 그동안… 미안했어…
혜주	(보며) …
상준	힘들었을 거야…… 당신이 늘 얘기했지. 잘난 척한다구. 나는 내가… 잘난 인간인 줄 알았었구… 그래서 잘난 척하는 게 아니라구 생각했었어.
혜주	…… (그저 보면서)
상준	(수저에서 손 떼며 아내 보며) 회사에서 앉혀줬던 자리가 잘났었던 거지 내가 잘난 게 아니었어…… 치졸하게 굴어 미안해… 잘못했어.
혜주	(시선 옆으로 피하면서) … 나 역시 다 잘했다고는 못하는데… 너무너무 실망했고… 절망적이었어.
상준	…… (가만히 보다가 끄덕이며) 그래두 우리… 한 시절은 좋았었지. 연애할 때… 결혼해서 자리잡기까지 오륙 년, 아니 칠팔 년쯤 되나… 당신 나… 전폭적으루 지지해줬구… 새벽 출근에 맞춰주느라 나보다 더 일찍 일어나
상준	(E) (혜주 위에) 반드시 더운 밥 해 먹였구… 아무리 늦어도 잠 안자고 기다려줬었고… 그때는 몰랐는데… 지금 생각하니… 그게 행복이었던 거 같아. 당신… 어느 지점까지는

상준　최선을 다했었어…… 알고 있어.

혜주　변한 건 당신이야. 회사에서 인정받으면서 당신은 나도 애들도 상관없어졌어… 집은 그저 출근했다 퇴근하는 장소였지… (목이 아파 찡그리며) 애들하고 나 / 당신한테 아무 의미도 아니었어.

혜주　(E) (보는 상준 위에) 애들 보내놓고 몇 년 동안은 정말… 죽도록 외로웠어. 당신은 일상적인 몇 마디도 인색하게 굴고… 애들도 돈 필요하다는 용건 말고는 거의 상대 안 해주고.

혜주　… 포기 안 했으면 못 살았어…

상준　…… (보며)

혜주　(쓰게 웃으며) 수영 배우고 에어로빅하고… 공치고… 나는 나대로 살아남을 궁릴 해야 했지… 안 그랬음 돌았을 거야.

상준　(아내 안 보고 눈 감으며 끄덕끄덕끄덕)

혜주　(눈물 손으로 닦아내면서 안 보는 채) 잘난 척한다고 비난은 퍼붰지만… 그래도 잘난 사람으로 믿고 있었어. 내 말 무시하더니 그런 식으로 거세당하고 내 말 / 콧방귀 구더니 한입에 십억 집어넣고… 이제 와서 애들 생활비도 끊고 치사하게 옛날 옛적 친정 도와준 돈 내노래. 정말 한심해.

상준　(끄덕이며) 그래, 우선 집을 팔자.

혜주　??? 도대체 집은 왜 자꾸 팔자는 거야…

상준　너무 커. 이런 집 필요 없어. 관리비만 많이 나가고

혜주　(O.L의 기분) 대신 도우미 안 쓰고 살아.

상준　팔아서 삼십 평짜리 아파트로 옮겨 앉고 은행에 넣읍시다.

혜주 (O.L의 기분) 은행에 너봤자 요즘 껌값도 안 되는 이자래.

상준 그거도 없는 거보단 나아. 다 합치면 애들 공부는 마칠 거고 겨우 우리 생활비는 돼.

혜주 집은 나중에 최악의 경우에 팔아도 돼. 나는 집 못 팔아.

상준 …… (보며)

혜주 갑자기 어떻게 서른 평으로 추락하란 말야. 비참하게.

상준 (보며) …

혜주 가구며 짐은 다 어떡하고. 애들 결혼도 시켜야 하는데 난 그렇게 못해. (하며 일어나 거실로)

상준 …… (죽그릇 내려다보며 있다가) …… (한 숟가락 떠서 먹는다) (E) 거실에서 들리는 채널 계속 바뀌는 티비 오디오.

상준 ……

S# 42 거실

혜주 (리모컨 들고 채널 계속 바꾸는) …… (잠시 보다가 또 바꾸고 잠시 보다가 또 바꾸는데)

상준 (나와서) 여보.

혜주 ?? (본다)

상준 (천천히 와서 마주 앉으며) ……

혜주 (보며) ……

상준 (안 보는 채) 비행기 자리 알아봐.

혜주 무슨 자리.

상준 (보며) 돈 주께 애들한테 갔다 와.

혜주	…… 송금해. 돈도 없는데.
상준	(O.L의 기분) 아냐. 가봐… 가서 처남들하고 얘기도 하고…
혜주	(또 그 얘기)
상준	당신한테 인계하게… 차용증은 안 썼지만 분명히 돈 줄 때 당신도 한자리에 있었으니까 가서 받아내… 원금만 해도 큰 도움 될 거야.
혜주	줄 사람이 줄 생각을 해야지.
상준	가거든 일단 애들 데리고 처남 집으로 들어가 살아.
혜주	??
상준	여유 방이 몇 개나 있는 집이라면서.
혜주	그거 다 모기지로 산 집이야. 계에속 갚아 나가야 하는 거라구.
상준	암튼… 그건 처남 할 일이야. 당신하고 애들 그 집으로 들어가면 아파트 값 이천오백 불은 안 들어도 돼. 일 년이면 삼만 불 / 큰돈이야.
혜주	… (보며)
상준	그거 싫으면 만들어주겠지. 그렇게 말해. / 우리 돈 만들어낼 때까지는 그러라고 / 내가 그러랬다고. 갚을 능력 있는데 안 갚는 건 도둑이야. 꼭 받아내.
혜주	(보며) …
상준	당신 책임 느껴야 해. 당신 때문에 빌려준 기구 애들 위해서도 꼭 돌려받아야 해.
혜주	(짜증 좀 나지만) 알았어.
상준	(보며) …

혜주	정말 애들 이사시켜놓고 올까봐.
상준	까봐가 아니라 해. 그리고 오는 거 서둘 거두 없어. 처가 다 거기 있구 친구두 많잖어. 운동두 실컷 하구 푸욱 쉬며 놀아… 나 때매 쌓인 스트레스 다 풀어.
혜주	왜 이렇게 너그러워 갑자기?
상준	(웃으며) 모든 것이 다 내 탓이라 생각하니 편해져.
혜주	아주버님이 뭐라 그랬어?
상준	…… (보다가) 뭐라 그랬어.
혜주	뭐랬는데?
상준	내가 나쁘다구.
혜주	(좀 웃으며) 정말 나 보내줄 거야?
상준	가라구.
혜주	(일어나며) 인터넷 들어가 좌석 체크해봐야겠다.
상준	(끄덕이며) 해… 해봐.
혜주	(아이 방으로 가려 소파 벗어나다가 갑자기 남편 옆으로 와 한 팔로 목 감고 뺨에 쪽 입 맞추면서) 고마워 여보.
상준	(웃으며) 으음.
혜주	(아이 방으로 사라지고)
상준	(그대로 가만히) ……
	(E) 전화벨 운다.
상준	(서너 번 울리게 두었다가 문득 느끼고 받는다) 네에…
상수	(F) 어때.
상준	아 예. 괜찮아요.

상수	(F) 뭐 좀 먹었어?
상준	찬이 엄마가 죽 쒀줘서요.
상수	(F) 제대로 먹었어?
상준	많이 먹었어요.
상수	(F) 속 편해?
상준	편해요..
상수	(F) 약 먹구.
상준	예 그러께요.
상수	(F) 끊는다.
상준	예.
	(E) 전화 끊어지는.
상준	(귀에서 내려 송수화기 보면서) ……

S# 43 상수의 거실

상수	(전화 끊은 직후 / 탁자에서 일어서는데)
아내	(부엌에서 주스병에 담긴 물과 컵 하나 받쳐 들고 나온다)
상수	죽 쒀줘 먹었대… 속은 편하대.
아내	(안방으로 움직이며) 다행이네 그냥 가라앉나부네.

S# 44 안방

들어오는 부부.

상수	(파자마 입으려 하는)
아내	(컵에 물 따르며) 그냥 다 포기하구 멍청이 모양 느그웃하게

그럼 좋을 텐데…

상수   …

아내   (물컵 내밀고)

상수   (마시고 내주면)

아내   (남겨진 물 자기가 비우고 쟁반 치우면서) 모레 아버님 제사
           모시구 여행 가요 우리.

상수   ??

아내   애들 돈 갖구 가는 건 좀 그러니까 장사장이 준 내 퇴직금으루
           갑시다.

상수   어디가 가구 싶어 그래.

아내   아무 데나… 아가씨한테 가방까지 빌려다 놨으니까 속옷만 챙
           겨 들구 나서면 돼요. 어디 바닷가 갑시다 우리. 바닷가 민박집
           에 묵으며 한 사날 시워언하게 지냅시다. 맛있는 회도 실컨 먹
           구 응?

상수   바다 추울걸?

아내   세영이 사온 옷 갖구 가지?

상수   (파자마 입는)

아내   그까짓 백만 원 한 장 풀어쓰면 실컨 놀다 오겠지.

상수   봇짱 커졌네.

아내   깔깔깔깔.

S# 45 상수의 집 마당 / 밤

(F.O)

S# 46 상수의 집 마당에서 본 거실 / 밤

마루문 열려 있고 거실은 환하다.

거실 안.

거실에 꾸며진 제사상.

세일 부부 / 세영 부부 / 아내 / 금실 / 혜주 / 서 있는데.

마서방 술잔 향에 돌리는 중. 술잔 놓고 상수, 상준과 함께 이 배 반 절한다.

절한 남자들 물러서고 다음 타자로 세일 / 안서방 들어서서 진 행하는데.

상준   (슬그머니 현관으로)

상수   (시선이 아우를 따르고)

세영과 수미 뭔가 귓속말하고.

아내   (애들 건드리며 눈짓으로 나무라는)

금실   (소리 죽여) 혼날 줄 알았다. 제사 모시는데 엄숙해야지.

마서방   (O.L의 기분) 쉬 당신이야말루 조용해.

금실   (입 닫고)

아내   (금실 보며 웃는다)

S# 47 마당

상준   (평상에 앉아서) ······ (조용히 눈물이 흐르고 있다) ······

배경으로 보이던 거실에서 불이 꺼진다.

상준   ······

S# 48 거실

어둠 속에 여자끼리 남자끼리 앉아서 / …… 잠시 사이 두었다가.

혜주 (작은 소리로) 나 내일 미국 가요.

금실 ?? (같이 수군대는) 언니는 딱 요때면 미국 가구 싶어 몸부림이 나나봐아? 안갈 듯이 그러더니요?

혜주 안 갈려구 했는데 애들 아빠가 굳이 가래서요. 애들 일 처리할 것도 있고…

금실 그래도 금년엔 용케 아버지 제사는 피했네요.

아내 (O.L의 기분) 아유 그냥 나는 뭣보다두 서방님하구 동서 서루 말도 하고 웃기두 하니까 마음이 그렇게 좋을 수가 없어.

마서방 예 정말요 정말 그래요. 아 진작 좀 그러시잖구들 얼마나 좋아요 그게. 아마 장인 장모님두 오늘 밤은 특별히 더 맛있게 드시구 가실 거예요. (젯상에 대고) 장인어른 장모님, 많이많이 드세요오.

상수 (일어나며) 조용히 해. 떠드는 거 아니야. (현관으로)

마서방 쉬이. 조용히 조용히.

금실 당신이나 조용해애.

S# 49 마당

상수 (나와서 아우 찾고) … (잠시 서서 보다가 다가간다) …… 왜애…

상준 답답해서요.

상수 우움. 너무 좁아… 제수씨 미국 보내?

상준 네…

상수	한 번 가면 꽤 있던데 아주머니두 없이… 예 와 있어.
상준	그러든지요.
상수	집은 팔기루 합의 봤어?
상준	아직은 준비가 안 됐나봐요… 천천히 하죠.
상수	난 또… 집 파는 데 합의하면서 화해했나 그랬지.
상준	나중에 팔죠.
상수	그래 천천히 해애. (하고 돌아보는 순간에)
	켜지는 거실 불.
상수	불 켜졌다 들어가자.
상준	전 좀 더 있다가요. (하는데)
마서방	(마루에서 내다보며) 들어오세요.
상수	알았어. 상 보라 그래애.

S# 50 거실

마서방	(돌아서며) 상 보라십니다. 상 봐 여보.
금실	(혜주와 아내 / 함께 소쿠리에 전이며 과일이며 음식 정리해 내는 데서 다른 접시에 전과 나물 등 먹을 것 덜어 담으며) 알았어 알았어. 정신없어. 먼지 날리지 말구 어디 앉어. (수미는 며느리라고 부엌에서 수저와 식접시들 / 소주잔들 / 쟁반에 들고 나오고 이어서 세영은 소주 두 병과 맥주 두 병 양손에 들고 나오고)
마서방	먼지는.
안서방	이리 오세요 고모부.

마서방   어 그래그래. (아이들 쪽으로)

아내   우리는 모레 여행갈 건데…

모두   (그쪽 보면서)

안서방   어디 해외여행 가세요?

아내   해외는 무슨…

금실   (O.L의 기분) 제주도 가신댄다 제주도.

아내   아니 랄랄라 강원도 갈 거예요.

금실   깔깔깔 언니는 / 랄랄라 강원도가 어디야 여보오?

마서방   나두 첨 듣는데? 아 그거 정말 잘 생각하셨어요. 안 그래두 저
        사람하구 얘길 했었어요. 장사가 전만 같아두 형님 퇴직 기념
        으루 우리가 유럽까지는 못 모셔두 동남아는 한번 모시구 나갈
        텐데 그런 얘기 했었어요. 그렇지 여보.

금실   자기가 한 거처럼 그러네. 내가 했어 내가.

마서방   아 당신이 나하구 눈 맞추구 하는데 나두 옳소 했지. 그럼 나두
        한 거 아냐?

아내   말만으루두 고마워요. 후후…

세일   그런데 엄마. 단풍철이라 고생 많이 하실 텐데요.

아내   으응. 그래서 산구경은 차 타구 가구 오며 하구 바닷가 가기루
        했어.

세영   가구 오구 길에서 고생할 거라니까요?

아내   괜찮어. 니 아버지하구 같이 길에서 그 고생두 한 번 못 해보구
        살었어. 그거두 몇 년 뒤면 추억 아니겠냐구.

마서방   아이구우 추억은요오. 꽉 막혀 차 안에서 고생하는 거 그거 추

억 못 돼요오.

아내   그럼 추억은 못 돼두 얘기꺼리는 되겠죠.

마서방   그거야 되죠.

금실   오빠들 왜 안 들어와? 얘 며늘아, 너 좀 나가봐라.

수미   네에. (에서)

S# 51 같은 거실

교자상에 차려놓고 다 같이 앉아서 먹는데.

혜주   (전 하나 집으며) 형님네 음식은 언제나 똑같은 맛이에요. 하
         다보면 어떤 땐 이럴 수도 저럴 수도 있는데 신기해요.

금실   음식에는 귀신 다 된 사람 아니에요. 그러니까 그 솜씨에 자격
         증까지 들구 이십 년 넘게 돈벌이 했죠오. 그랬으니까 어머니
         아버지 두 양반 마지막 / 삼사 년씩 병수발 하면서 애들 둘 대
         학공부두 시켰구 / 애들 공부만 시켰나? 작은오빠는. 장한 며
         느리에 장한 어머니 상은 눈이 멀었어, 우리 언니 안 주는 거
         보면.

아내   어이그그그 /

금실   (O.L의 기분) 그만 먹어 당신.

마서방   (술잔 들고) 이거 두잔 째야.

금실   거짓말하지 마. 네 잔째네 무슨 헛소리르을.

애들   (웃고)

마서방   무슨 마누라가 수다 떨 거 다 떨면서 볼 건 다 보는데 사람 질
         려버린다니까요, 작은형님.

상준	흠흠흠. 마서방 고생하는 거 우리 다 알어. 마셔.
마서방	마시라 그러시는데?
금실	봐준다. 작은오빠가 마시라니까 마셔.
마서방	(입으로 풀룩풀룩 / 흘기면서)
금실	입 가만둬. 다 보여.
마서방	??? 저런다니까아 아아 나는 무서워 죽겠다 정마알.
애들	(한꺼번에 터져 웃어댄다)

S# 52 인천공항 출국장

혜주	(상준에게서 기내 가방 받아들면서) 갔다 올게.
상준	천천히 와.
혜주	형님한테 가 저녁 먹어.
상준	(끄덕이며) 그러지.
혜주	전화할게요.
상준	움.
혜주	(돌아서 두어 걸음 움직이는데)
상준	혜주야.
혜주	?? (돌아보며) …
상준	(다가서서) ……
혜주	(보며) … 내 이름 안 잊어버렸어?
상준	내 이름은 뭐지?
혜주	… (보다가) 홍상준.
상준	(쓰게 웃으며) 찬이 놈하고 지니한테… 전해. 형편없는 아버지

였던 거 사과하고… 내가… 사랑하는 방법을 몰랐다고… 미안
하다고.

혜주   … (보며)

상준   당신한테도 같아.

혜주   사과하는 거야?

상준   … 그래.

혜주   애들은 모르지만 나는 아직 당신 사과 안 받아줄래… 두구 봐
        야지 다 안 믿겨.

상준   … (보며)

혜주   애들은 모르겠다. 반응이 어떨지. 어깨 으쓱하고 말든지 아니
        면 리얼리? 그게 달 거 같은데.

상준   ……

혜주   전해는 줄게. 나 들어가.

상준   그래.

혜주   (출국심사장 입구로 움직이는)…

상준   … (보고 있는)

혜주   (그대로 사라져버린다 / 뒤 한 번 안 돌아보고)

상준   …… (보며) …… (한 동안 서서)…

S# 53 출국 건물에서 나와 건널목에 시 있는 상준

신호 바뀌기를 기다리는 사람들 속의 상준 / 건너편에서 잡은
화면 / 지나가는 차들에 가려졌다 나타났다 하는 상준.

S# 54 주차장

상준 (땅을 보며 빠르지도 느리지도 않는 속도로 걸어오고 있는 /)
…… (한참 동안 오다가 문득 느끼며 멈춰 서서 자기 차 주차
한 방향을 찾아 다시 걷기 시작하는데 / 와 있는 지점에서 거
의 거꾸로 다시 가야 한다) …

S# 55 영종에서 서울로 돌아오는 도로를 달리는 상준의 자동차

S# 56 운전대의 상준

S# 57 다리 건너는 자동차(차가 좀 튀는 색깔이기를)

S# 58 운전 중인 상준

거의 무표정… 어찌 보면 담담하고

S# 59 달리는 상준의 자동차

S# 60 상수의 안방

아내 (가방 벌려놓고 여행준비 중… 속옷들 / 양말. 긴소매 반소매
티셔츠. 가벼운 바지 등등. 세영이 사온 옷도 방바닥에… 입은
다물고 작고 가볍게 흥얼거려지는 노래. 옛날 곡. 연분홍 치마
가~ 휘날리더라~부터 시작하든지… (그러고 있다가 문득 손
놓고 무릎걸음으로 움직여 서랍 하나 열고 약 챙기기 시작하며

혼잣말) 소화제… (대여섯 알) 이거 가지면 되겠지? 설사병 나면… (소화제 꺼내고) 두 통. (서너 알 잘라내 챙기고) 이거두 필요할지 몰라. (밴데이지 대여섯 개 꺼내놓고) 다 됐나? 더 필요한 거 없나? 하는데)

(E) 밖에서 들어오는 기척.

아내 (돌아본다) …… 당신이에요?

상수 (E) 어엉. (비닐봉지 하나 들고 들어온다)

아내 샀어요?

상수 (봉지에서 운동모자 두 개 꺼내며 / 깜장 빨강) 샀어.

아내 어디 / (빼내서 써보며) 제대로 샀나 모르겠네. (거울로 / 비쳐보며)비슷하네. 여기가 높아야 모양이 나거든. (이마에서 모자 정수리까지의 길이)

상수 (자기 것 쓰면서) 비슷해?

아내 비슷해요. 얼마 줬어?

상수 수는 만큼 줬어. (거울 비쳐보며) 괜찮아?

아내 멋있어. 흐흐흐.

상수 (앉으며 상의 벗는다) 상준이는.

아내 아니 아직 안 오네. 버섯죽 쑤어놨는데…

상수 올 때 됐잖어.

아내 글쎄. 집으루 갔나아… 전화 좀 해봐요. (야들과 작은 빈 통 집어 가방 쪽으로 움직이며)

상수 (전화 들고 찍는다)

(E) 벨 가는 소리.

S# 61 빌라 거실

(E) 빈 거실에 울리는 전화벨.

S# 62 상수의 안방

상수   (전화 들고 있고)

(E) 전화벨 가는 소리.

아내   (자기 일 하다가 문득 보며) 아 안 받으면 끊어어… 언제까지 그러구 있을 거예요.

상수   (끊으며) 안 들어왔나봐.

아내   (도로 움직이며) 그거 아는 데 참 오래두 걸리네.

(E) 울리는 전화벨.

상수   (받는다) 예에 부암동. 어 니 집에 방금 전화했는데.

상준   (F) (O.L의 기분) 받으려는데 끊더라구요.

S# 63 빌라 거실

상준   지금 막 들어오는 길이에요. 네… 깜박했어요. 죽 먹던 거 있어 요…… 알았어요 그럼… 예… 예(하고 끊고) … (전화기 내려다보며 서서)…

S# 64 상수의 안방

상수   (전화 앞에서 돌아보며)저녁 상준네 가 먹읍시다.

아내   (자기 일 하며) 그럽시다.

상수   …… (보다가) 시장 가는 길에… 박창달이 개 만났어.

아내	??
아내	아아 그 명절 죽어두 안 잊어버리는 사람? 지난 추석에두 갈비 갖구 왔었어.
상수	오늘내일 우리 집에 올려구 했었대.
아내	왜애?
상수	나 퇴직했다 소리 들은 게 보름두 안 된대.
아내	그래서.
상수	모래내 상가 일층 네 평짜리 이달 말에 비운대. 거기다 아무거나 해보라구.
아내	????
상수	보증금이구 월세구 필요없다구 / 은혜를 갚는다나 뭐라나…
아내	??? 정마알?
상수	뭘 할 건지만 결정하면 내부 꾸미는 거두 다 지가 한다네.
아내	…… 뭐랬어? (겁나며)
상수	말이야 고맙지만…
아내	(O.L의 기분) 아이구우우 또 싫다 그랬구나아. 요즘 세상에 개 두 안 물어갈 양시임.
상수	아 내가 한 게 뭐 있다구.
아내	(O.L의 기분) 당신은 한 거 없대두 그 사람은 당신 때문에 인 간 됐다 그러잖어어어…
상수	아 그거야 애가 처음부터 싹수가 있는 애니까.
아내	(O.L의 기분) 어쨌든 도둑질하다 잡힌 거 전과자 안 만들구 자 동차정비 가르쳐 오늘날 사장 소리 듣게 성공시킨 거잖어.

그거만 했어? 그 사람 집에 우리가 만 이 년 동안 양식두 팔어 댔다.

상수   아 됐어.

아내   …… (보는) … (야속하다)

상수   그런 녀석들이 한둘이야? … 뭐 바라구 한 거 아닌데 뭘. 그저 자리잡구 사는 친구들한테서 명절에 갖구 오는 고기나 과일 좀 받아먹구 한 번씩 밥대접이나 받구 그게 속편하구 좋아.

아내   (아예 앵돌아져 입 다물고 가방에 짐 넣는다)

상수   용돈 쥐어주려는 녀석들두 있어…

아내   …

상수   어떻게 말 듣자마자 널름 오냐 정말 고맙다 그래애…

아내   …

상수   그 녀석… 포기할 놈이 아니야… 그렇게 물른 놈 같으면 성공 두 못했어.

아내   (솔깃해서 돌아본다) …

상수   상가 말구두 시장 점포가 몇 갠데…

아내   … (보며) …

S# 65 빌라 주방

셋이 앉아서 저녁 먹는… 상준은 버섯죽 / 둘은 밥.

아내   우리 글피 오니까 그때부터 식사는 우리 집에 와서 하세요. 죽 넉넉히 쒀놨으니까 데워 먹으면 되구요. 밥 먹어두 되겠다 싶 으면

상수	(O.L의 기분) 우리 올 때까지는 그냥 죽 먹어. 다스릴 때 완전히 다스려놔야지 덧들리게 말구.
상준	예…
아내	… (눈치 보다가) 뒤에 산 좋은데 운동 삼아 좀 걷구 그럼 좋을 텐데…
상준	그럴까 해요. (시익 웃으며) 참 우습게 살았어요. 주말이면 등산객이 미어지게 찾는 산을 바로 뒤에 두구… 여태 단 한 번두 산에 올라가본 적이 없어요.
상수	그럴 틈이나 있었니 어디.
상준	글쎄 그럴 여유조차 없이 살아서 얻은 게… 이 꼴이에요. 흠흠 흠흠.
상수	…… (보다가) 우리 다녀오면 나하구 스을슬 산에나 다니자.
상준	그러죠.
아내	도시락은 내가 싸주께요.
상준	좋죠…

대화가 끊어지고. 잠시 두었다가 끝에 파도 소리가 잠깐 물리고.

S# 66 한적한 강원도 바닷가

나란히 서서 바다를 보고 있는 / 바람에 머리가 날리고 /

상수	(찌그리고) ……
아내	(눈 감고 바람 맞으며 시원하고 좋고) ……
상수	(문득 돌아보고) 뭘 혼자 히죽히죽 그래.
아내	너어무 시원해애… 살다보니 이런 날두 있네에… (두 손 모

아 입에 대고 있는 대로 소리 지른다) 바다야아아아 나 허영수
우우욱… (상수 - ? 해서 보고 있고) 홍상수 마누라아아아아

상수 뭐 해애.

아내 (상관없이) 홍세일 홍세영 엄마아아아. 알았지이이이이? 나 허
영수우우우우욱. (하고 남편 돌아보며) 아아 시원하다… 여기
가 뻥 뚫렸어.

상수 (그냥 입맛 다시며) 단풍 보러 가자면서.

아내 가야지. (하고 남편 팔 끼고 붙는다) 우리두 그거 합시다 여보.
드라마에서 젊은 애들이 하는 거… 발작 크게 넣게 뗘. 이렇게
이렇게.

상수 (쑥스러우면서도 싫지는 않아) 허허허허 나 참. 이렇게 이렇
게?

아내 ㅎㅎㅎㅎ.

두 사람 바람 맞으며 걸어가는.

S# 67 설악 단풍구경. 케이블카에서 내려다보이는 만산홍엽

S# 68 케이블카 안의 두 사람

S# 69 단풍 산길을 내려오는 두 사람

S# 70 설악산 큰길을 내려오는 두 사람

S# 71 민박집 마당

두 사람 들어서는데 / 그 위에.

여주인   (E) 저 양반이지 싶소…

여주인   홍선생이 맞지요.

상수   예. 제가 홍인데요. (하는데 벌써 기다리고 있던)

경찰   (아주 청년 / 경례 부치며) 안녕하십니까, 속초경찰서 김정철 순경입니다. 홍상수 소장님이십니까.

상수   (띠잉한 채로) 그렇소만… (아내도 띠잉)

경찰   잠깐 드릴 말씀이… (하면서 먼저 밖으로 나가고)

상수   ?? … (따라 움직이는데)

아내   여보 무슨 일…

상수   나오지 마… (나간다) …

아내   (뭔가 불길하고) 저기 / 무슨 일이래요?

여주인   모르지요. 말 안 해요.

아내   무슨 일야 대체. (하며 대문 봤다 여주인 봤다 하는데)

여주인   죄진 거 없으면 떨 거 있나요.

아내   ?? (여자 돌아보는데)

S# 72 밖에 좀 떨어진 위치에서

상수   (돌처럼 굳은 얼굴로 경찰 얼굴을 쏘듯이 보고 있는)

경찰   … (보다가 괜히 제가 죄인인 듯 고개 떨구는) …

아내   (E) (화면 밖에서) … 여보…

상수   (천천히 고개가 화면 밖 아내 쪽으로 돌아간다) …

아내	…… (보며) 무슨… 무슨 일이냐구요.
상수	(아내에게서 고개 딴 쪽으로 돌아가며)……
아내	????

S# 73 한강변

사체 수색 작업 중인데.

금실 (상준의 구두 가슴에 껴안고 통곡하며 전화 받고 있다 엉엉거
리며 풀썩 주저앉으며) 틀림없어 오빠아아 엉엉엉… (마서방
옆에 있고) 아냐아 유서는 없어 유서는 없는데 구두 벗어 구두
속에 신분증하구 자동차 키 집어넣어놨어 엉엉엉엉… 세 시간
째 찾는데 아직 안 나와아 엉엉엉.

S# 74 공항으로 가는 경찰차 안

아내 (손수건으로 닦아내며 흐느껴 울고 있고)

상수 … 그래 지금 가… 가구 있어. 아니 비행기 탈 거야. 그만해. 침
착해 금실아. 그놈 나쁜 놈이야. 울 거두 없어. 울지 마. (하고
끊어서 전화기 내려다보고 있다가 천천히 경찰에게 전화 넘겨
준다) ……

S# 75 운항 중인 비행기 안 / 소형 국내비행기

(E) 요란한 비행기 소음 속에.

상수 (눈 꾹 감고 있고)

아내 (고개 꺾고) …… (손수건 끝 만지면서) ……

S# 76 한강 사고현장

서울 경찰차 와서 멎는데 상수와 아내의 시선으로 보이는.

막 인양이 시작되고 있는 찰나 / 구경꾼들과 구경꾼을 막는 경찰들.

통곡하며 그쪽으로 달려가려는 금실을 마서방이 껴안아 말리는 중이고.

상수 (차에서 내려 겁내듯이 주춤거리면서 현장으로 다가가는) ......

아내 … (뒤따라 내려 몇 발자국 처져서 따라가고) …

S# 77 배가 와서 멎고 들것에 덮인 상준 내려지는데

금실 (와악 하면서 달려들려 하고)

마서방 (꽉 잡으며) 가만 좀 있어! 형님 오셨어 진정해애!!

들것 땅에 내려지고.

금실 여행은 무슨 여행야 큰오빠는 / 여행은 무슨 여행야 엉엉엉엉…

잠깐 사이 두었다가.

경찰 (상수에게)확인… 해주십시오 선생님.

상수 (끄덕이고) …

경찰 (한 무릎 세워 앉아 씌워진 헝겊 걷는다)

상수 … (변동 없이 보는데)

금실 (E) 엉엉엉엉엉엉 / (새삼스럽게 / 거의 발광 같은)

금실 (마서방 가슴에 얼굴 묻고 대성통곡)

아내	(가만히 보다가 스르르 무릎이 꺾이면서 주저앉는다) …
마서방	여보 가자. 저기 차에 가 약 먹자 엉? 약 먹어야지 안 되겠어 엉? 가자가자… 말 들어 옳지 그래 착하지 착하지… (금실은 거의 기진한 상태다 / 남편한테 끌려가고)

인양작업 한 사람들과 경찰은 뒷수습 과정으로 할 일들 하도록 현장 자문 요청해서 진행시키면서.

상수	…… (그들이 나누는 대화 속에 우두커니 서 아우 내려다보다 가…… 어느 순간에 가슴 찢어지는 통증과 함께 상체가 약간 굽었다 펴졌다 하면서 두 번쯤 하고 아우에게서 조금 돌아서 며 다시 굽었다 폈다 굽었다 폈다… 다시 아우 쪽으로 돌아서 며 터지듯 작은 소리) 아아안 되지이… 이눔아… 이러는 거 아 니지이이. 아니지 아니지이 이눔아 이 못생긴 눔아. 니가 나한 테 어떤 아운데 이 자식아… 나쁜 눔 이 나쁜 눔… 이렇게 죽는 다구 누가 (왁 터진다) 알어줄 거라구 이 자식아. 이눔… (굽히 며) 세상이 그런 거얼… (다시 굽히며) 그런 세상이 됐는 거어 얼… (굽혔다 펴며) 상준아… (굽혔다 펴며) 상준아아아… (굽 혔다 펴며) 상준아, 아눔아아아아아!!!!!

카메라 멀리 빠지며 계속 상체 굽혔다 폈다 하는 상수와 주저 앉아 있는 아내.

끝

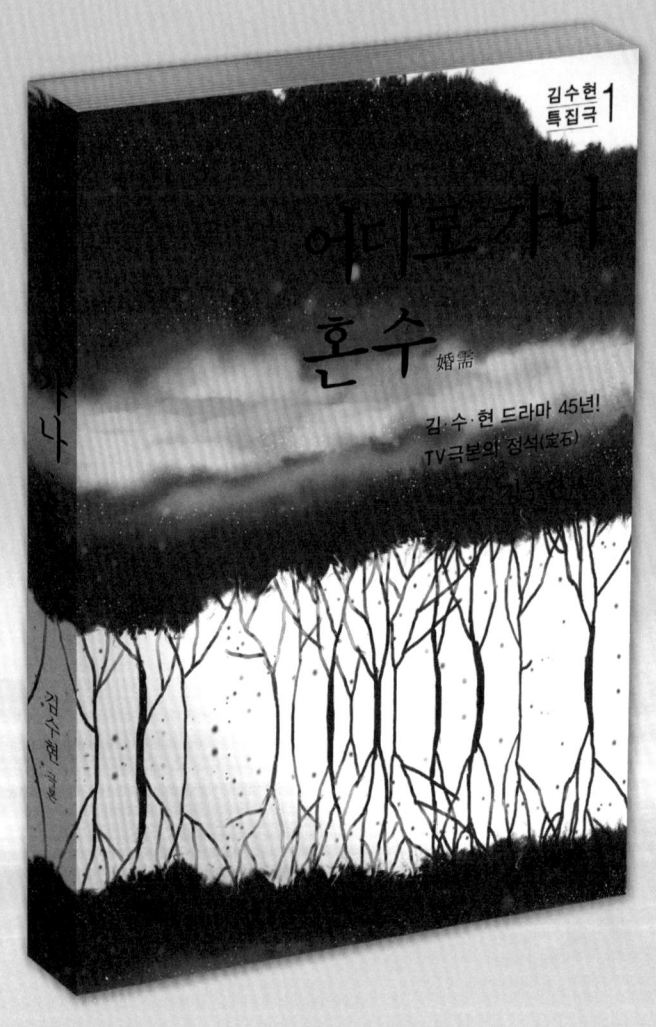

김수현 드라마는 극본만으로도 눈물이 난다.
어떻게 살아야 하는가를 생각하게 한다.

어디로 가나

효와 부정(父情)의 참다운 의미를 조명한 드라마.
병든 시아버지와 며느리의 갈등과 해결은 효와 불효의 문제를
뛰어넘어 인간적인 정의 문제를 생각하게 한다.
각박해져가는 현대 우리 사회에서 노후의 부모들이 바라보는
자식들의 모습을 보여준다.
제20회 한국방송대상 수상

혼수 婚需

환경이 다른 두 집안. 탐욕과 과시에 지나지 않는 과한 혼수를
요구하면서 벌어지는 두 집안의 갈등은 우리의 현실을
여과 없이 보여준다. 물질 신봉으로 피폐해진 우리 시대의
정신을 들춰냄과 동시에 그로 인해 잃게 되는 것이 무엇인지
생각하게 한다.
추석특집극

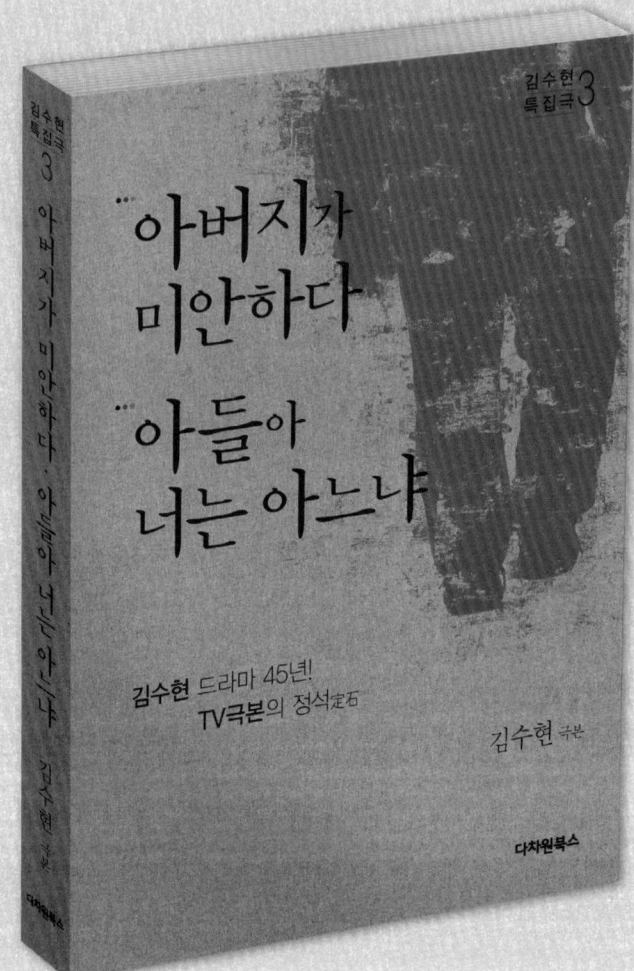

김수현
특집극 3

아버지가
미안하다

아들아
너는 아느냐

김수현 드라마 45년!
TV극본의 정석定石

김수현 극본

다차원북스

김수현 드라마는 극본만으로도 눈물이 난다.
어떻게 살아야 하는가를 생각하게 한다.

아버지가 미안하다

환경미화원으로 정년퇴직한 뒤 퀵서비스 배달원으로 일하고 있는 아버지.
중국집 배달 소년에서부터 공사판 잡부, 벽돌공, 미장공 등등의
직업을 거치면서도 60대 초반까지 남에게 신세지지 않고
소박하고 꿋꿋하게 살아왔다. 자녀들도 나름대로 잘 성장했지만,
이기적인 아들딸과 어딘지 모르게 어긋나기만 하는
우리 시대 슬픈 아버지의 모습…. 왜 아버지는 미안한가?
TV조선 설날특집 3부작

아들아 너는 아느냐

뇌사자의 장기기증 문제가 사회문제로 등장하면서
뇌사자의 가족들이 기증을 하기까지 겪게 되는 삶의 이야기를
진솔하게 풀어간다. 단란한 한 가족에게 어느 날 몰아닥친 비극과
아들을 지키기 위해 혼신을 다하는 부모의 심정, 그리고
마지막 순간까지 아들을 위해 또 아들이 꼭 그렇게 동의한다고
확신하고 결정하는 장기기증 과정의 생생한 모습이 보여진다.
SBS 창사 특집극

김수현 특집극 2권

은사시나무
홍소장의 가을

지은이 김수현
펴낸이 황인원

초판 1쇄 인쇄 2012년 2월 3일
초판 1쇄 발행 2012년 2월 10일

펴낸곳 다차원북스
주소 (우)121-897 서울시 마포구 독막로 10(합정동 373-4) 성지빌딩 510호
대표전화 (02)333-0471
팩시밀리 (02)334-0471
이메일 dachawon@daum.net
신고번호 제313-2011-248호
디자인 파피루스(02-322-1286)

ISBN 978-89-967221-7-5 14680

값 · 15,000원

※ 잘못 만들어진 책은 구입하신 곳에서 교환해 드립니다.

이 도서의 국립중앙도서관 출판시도서목록(CIP)은
e-CIP 홈페이지(http://www.nl.go.kr/ecip)와
국가자료공동목록시스템(http://www.nl.go.kr/kolisnet)에서
이용하실 수 있습니다. (CIP제어번호: CIP2012000412)